Wanderführer Ostseeküste Rügen und Usedom

Die schönsten Wanderungen

- Rundwanderungen
- Streckenwanderungen

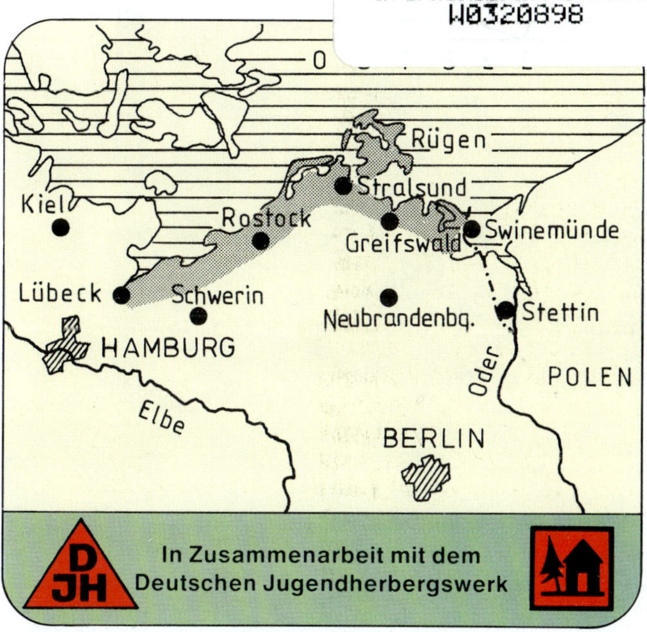

In Zusammenarbeit mit dem Deutschen Jugendherbergswerk

Kompass Wanderführer

Wanderführer Ostseeküste Rügen und Usedom

Ausgewählt, begangen,
beschrieben und fotografiert
von Hildegard Frey
und Professor Dr. Wolfgang Frey

Deutscher Wanderverlag
Dr. Mair & Schnabel & Co. · Stuttgart

wandern + radwandern

Die große Wanderbuch-Reihe
für grenzenloses Wandern

Gesamte Kartographie:
Mairs Geographischer Verlag
(Generalkarte 1 : 200 000),
Ausschnitte bearbeitet von
Ing.-Büro Adolf Benjes

Übersichtskarten:
Adele Greschner

Umschlagbild:
Das hohe Ufer beim Ostseebad Ahrenshoop
und Bild auf Seite 2:
Das Münster in Bad Doberan
(*Fotos:* Wolfgang Frey)

ISBN 3-8134-0234-7

2. Auflage 1991

Satz: Steffen Hahn FotoSatzEtc., D-7014 Kornwestheim
Druck: Druckhaus Vogel, D-7022 Leinfelden-Echterdingen
Printed in Germany

INHALT

Klützer Winkel

Rundwanderungen

Streckenwanderung

Wismar Bucht und Insel Poel

Rundwanderungen

Streckenwanderung

Zwischen Salzhaff und Warnow-Mündung

Rundwanderungen

Streckenwanderungen

Zu Tour 19.1, 19.2 **Kapelle in Althof**

Rostocker Heide, Fischland, Darß und Zingst

Rundwanderungen

Streckenwanderungen

Rügen

Rundwanderungen

Streckenwanderungen

Usedom

Rundwanderungen

Streckenwanderungen

Zu Tour 38 **Häuserzeile in Neu Reddevitz**

Orts- und Sachverzeichnis

mit Nummern-Angaben der betreffenden Wanderungen.
Schräg-gedruckte Zahlen weisen auf Kurzbeschreibung im Text hin.

Zu Tour 38 **Großsteingrab bei Lancken-Granitz**

Bilderverzeichnis

Zu Tour 3, 6 **Gehöft im Klützer Winkel**

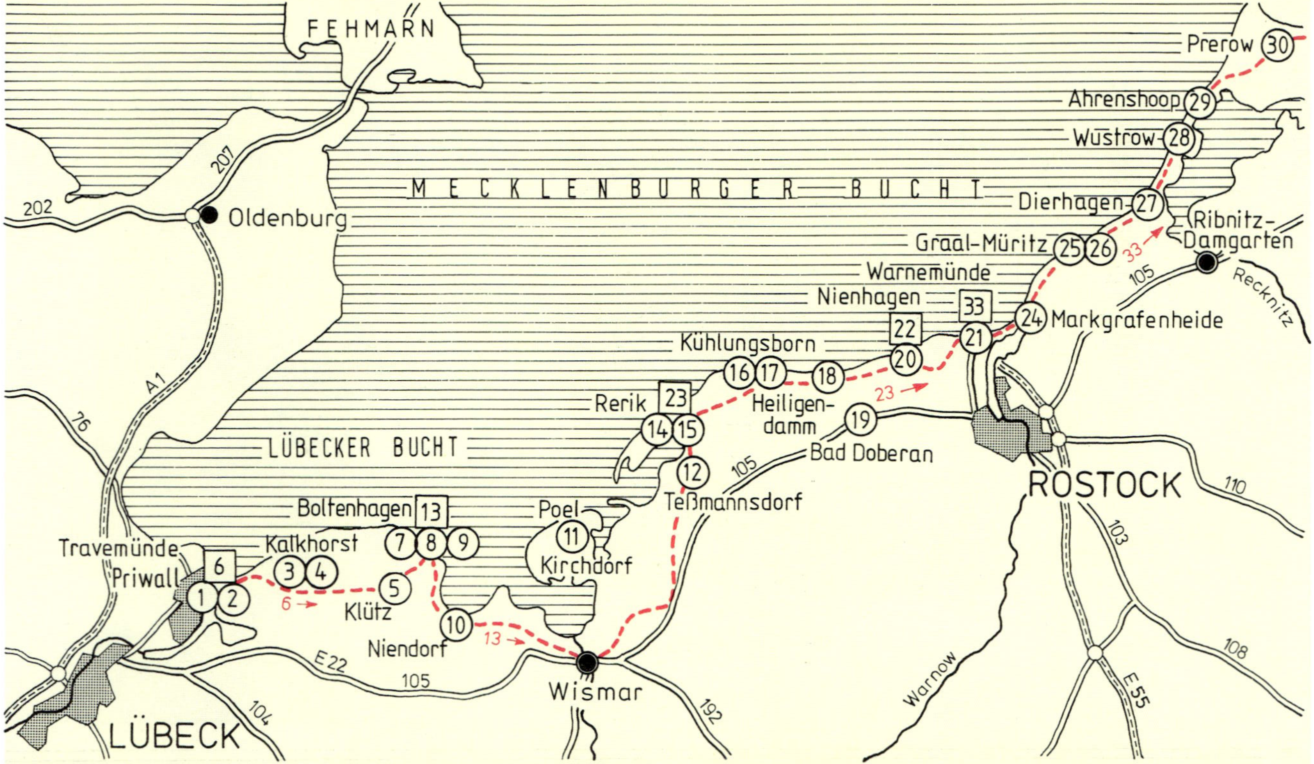
FEHMARN
Oldenburg
MECKLENBURGER BUCHT
LÜBECKER BUCHT
Travemünde
Priwall
Kalkhorst
Klütz
Boltenhagen
Niendorf
Poel
Kirchdorf
Wismar
LÜBECK
Rerik
Teßmannsdorf
Kühlungsborn
Heiligendamm
Bad Doberan
Nienhagen
Warnemünde
Markgrafenheide
ROSTOCK
Graal-Müritz
Dierhagen
Wustrow
Ahrenshoop
Prerow
Ribnitz-Damgarten
Recknitz
Warnow
202
207
A1
76
E22
105
104
192
110
103
108
E55

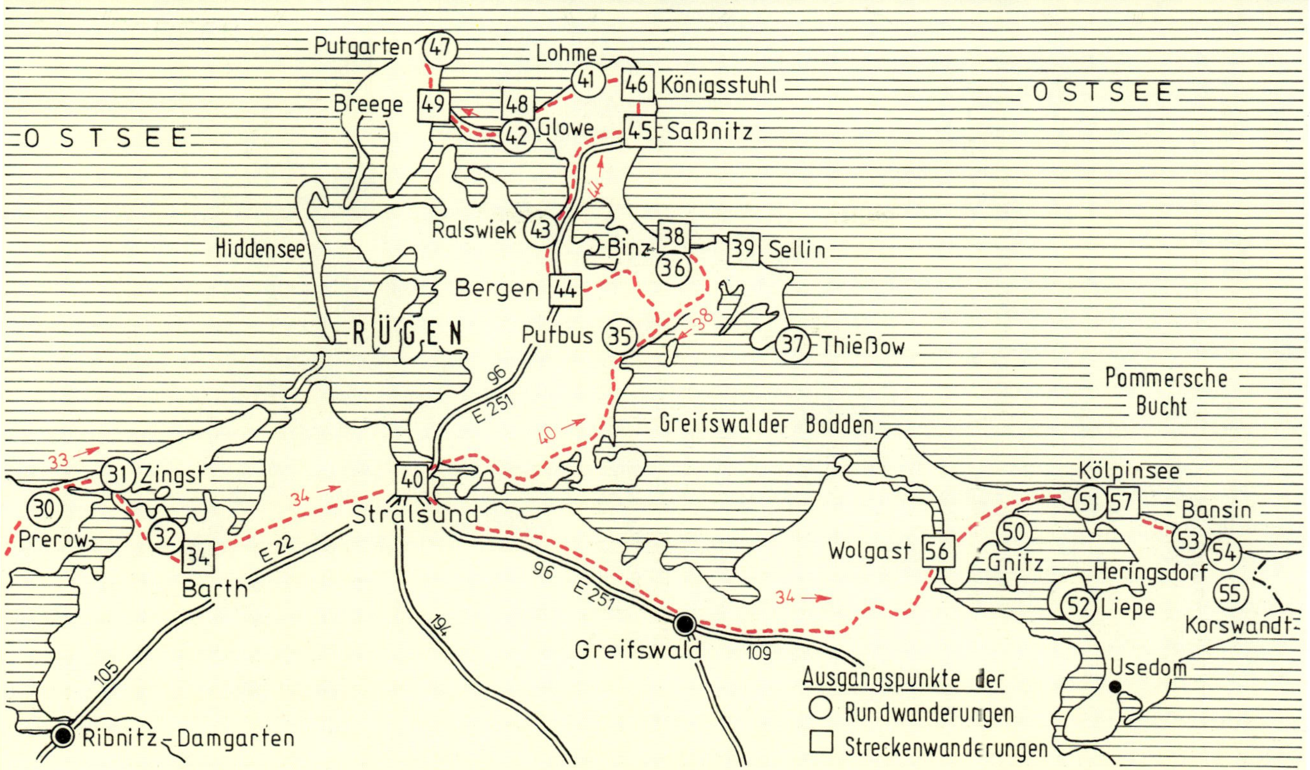

OSTSEE
Putgarten
47
Lohme
41
46
Königsstuhl
OSTSEE
Breege
49
48
Glowe
42
45
Saßnitz
Ralswiek
43
Hiddensee
38
Binz
39
Sellin
36
Bergen
44
RÜGEN
Putbus
35
38
37
Thießow
96
E 251
Pommersche
Bucht
40
Greifswalder Bodden
33
31
Zingst
40
Kölpinsee
51
57
Bansin
30
34
Stralsund
50
Prerow
32
34
E 22
Wolgast
56
Gnitz
53
54
Barth
96
E 251
34
Heringsdorf
55
52
Liepe
Korswandt
194
Greifswald
109
105
Usedom
Ausgangspunkte der
Rundwanderungen
Streckenwanderungen
Ribnitz-Damgarten

Vorwort

Es war für uns nichts Alltägliches, einen Wanderführer und einen Radwanderführer* über den Küstenbereich Mecklenburg-Vorpommerns zu schreiben.

Nach dem Fall der Mauer tat sich uns eine neue Welt auf, die wir schon vorher - reglementiert - kannten. Nun war es möglich, in wirklich ›freier Selbstbestimmung‹ die durch die letzte Kaltzeit geprägten Landschaften im Küstenbereich Mecklenburg-Vorpommerns - die Küste, die Stauchend- und Grundmoränenlandschaft und nicht zuletzt die Boddenlandschaft - in uns aufzunehmen, nach unserem Motto, daß man eine Landschaft durchwandert oder mit dem Rad durchfahren haben muß, um sie erfassen und begreifen zu können.

Wie heißt es über Mecklenburg-Vorpommern, das nordöstliche Bundesland an der Ostsee in der mecklenburgischen Verfassung von 1755, die bis 1918 galt: »Alles bliwt bin ollen, nix ward ännert« (Alles bleibt beim Alten, nichts wird verändert). Den Eindruck, daß in diesem Land die Zeit stehenzubleiben schien, hatte auch Bismarck. »Wenn die Welt untergeht, geh' nach Mecklenburg, dort passiert es 100 Jahre später«, soll er gesagt haben. Wir hatten nicht den Eindruck, daß hier die Zeit stehenbleibt. Im Gegenteil, es ist ein Land im Aufbruch. Man spürt es.

Große Teile Mecklenburg-Vorpommerns werden landwirtschaftlich genutzt. Nur in den Sander- und Endmoränengebieten

Zu Tour 16, 23 **Der Leuchtturm auf dem Bastorfer Signalberg**

sind größere Waldflächen erhalten geblieben. Weitgehend intakt scheinen die noch nicht entwässerten Feuchtgebiete, die Boddenlandschaft und die Steilküsten zu sein.

Es ist zu hoffen, daß in den landwirtschaftlich genutzten Gebieten strukturelle Maßnahmen durchgeführt werden, die zu einer naturnahen Landschaft zurückführen, in der ein naturbewußter Tourismus möglich ist, der einerseits die Natur schont, aber andererseits auch dem Menschen die Möglichkeit gibt, sich an ihr zu erfreuen.

Ganz besonders wichtig ist es, für die sehr empfindlichen Küstenbereiche, die Feuchtgebiete und die Landschaften an den Bodden und Wieken ›ökologisches Verständnis‹ aufzubringen, um sie zu erhalten und nach Möglichkeit ihrem natürlichen Zustand näherzubringen.

Vielleicht gelingt es uns, mit dem vorliegenden Wanderführer - als eigentlich Fremde in diesem Land - unsere Begeisterung für die Menschen und ihr Land zu vermitteln. Wir haben diese Landschaft, die Städte und Dörfer für uns entdeckt. Tun Sie es auch.

Berlin, im Januar 1991 *Hildegard und Wolfgang Frey*

* Kompass-Radwanderführer Ostseeküste und Rügen

Wanderwege und Markierungen, Wanderzeiten, Übernachtungen

Unser Ziel war es, unabhängig von gegebenen Wanderwegen eigene Wandervorschläge zu unterbreiten, die Touren nach der landschaftlichen Gliederung zu gestalten, dabei die Landschaftselemente zu erfassen und dies mit den öffentlichen Verkehrsmitteln (Bahn, Bus) sowie der Anfahrt mit dem eigenen Auto zu verbinden. Strandwanderungen haben wir jedoch nicht aufgenommen.

In unsere Überlegungen zogen wir, soweit dafür die Voraussetzungen gegeben waren, bisher markierte Wanderwege ein, so vor allem bei den Streckenwanderungen, die zusammengesetzt vom Priwall bei Travemünde zum Kap Arkona bzw. zum Seebad Ahlbeck führen. Hier ist aufgrund des Wegsystems über einige Strecken die Route bereits vorgegeben.

Der ehemalige Kulturbund hat die meisten der bestehenden Wanderwege ausgezeichnet. Das Markierungsprinzip beruht auf einem weißen Quadrat mit drei verschiedenfarbigen Balken, um dadurch zwischen Haupt-, Bezirks- und Regionalwanderungen zu unterscheiden. Dieses Prinzip bereitet, wie man im Gelände schnell bemerkt, einige logistische Probleme. Deshalb sollte bei markierten Wanderwegen bei Tourenbeginn und wenn andere Wege abzweigen die Beschreibung genau beachtet werden.

Schwierigkeiten bei der Wegfindung in den Ortschaften dürfte die Änderung der Straßennamen bereiten, die teilweise bereits durchgeführt wird. Wir haben deshalb bestimmte Straßennamen soweit wie möglich nur als Zusatzinformation verwendet.

Die meisten Wanderzeiten sind mit 4,5 Kilometern pro Stunde berechnet, in geomorphologisch besonders strukturierten Gebieten mit 4 Kilometern pro Stunde.

Es empfiehlt sich, bei Streckenwanderungen vorher die Übernachtungsfrage zu klären, obwohl im Sommer und Herbst 1990 bereits eine größere Kapazität an Privatzimmern vorhanden war.

Geologische und geomorphologische Begriffe

Bernstein *Succinit* Gelbliches oder bräunliches fossiles Harz von Kiefernarten in Glaukonitsanden des Kaliningrader Gebietes (Königsberg) und Nordostpolens. Häufig sind Einschlüsse von Insekten und Pflanzen. Durch das pleistozäne Inlandeis und die Ostsee nach Westen verfrachtet.
Bodden Seichte Meeresbuchten mit unregelmäßigem Umriß an Flachküsten. Sie sind das Landschaftselement der ostmecklenburg-vorpommerschen Küste und entstanden durch die Überflutung des flachen Grundmoränenreliefs durch die Ostsee.
Dünen Durch Wind aufgeschüttete, vor allem aus Quarzsand bestehende, hügelartige Formen. Aktive Küstendünen (= Weißdünen) besitzen keinen geschlossenen humushaltigen Oberboden. Küstendünen werden vor allem mit Strandhafer bepflanzt. Sofern Bodenhorizonte und Vegetation vorhanden sind, unterscheidet man Grau- und Braundünen.
Feuerstein *Flint* Chemisch gefälltes SiO_2; scharfkantig, schwarz oder bräunlich. Häufig in der Oberkreide (Schreibkreide), zum Beispiel auf Rügen. In der Steinzeit zu Waffen und Werkzeugen verarbeitet. Die Feuersteinlinie gibt die südliche Verbreitungsgrenze des Inlandeises während der Elster- und Saalekaltzeit in Mitteleuropa an (etwa Rheinmündung – Thüringer Becken – Zwickau).

Findlinge *Erratische Blöcke* Felsblöcke in Gebieten ehemaliger Vereisung, die durch Gletscher oder Inlandeismassen verfrachtet wurden, zum Beispiel aus Skandinavien nach Mitteleuropa. Der größte Findling auf Rügen ist der Buskam beim Ostseebad Göhren mit 600 Kubikmeter und 1626 Tonnen.

Geschiebemergel Ein Gemisch aus Ton und Kalk mit eingelagerten Geschieben, jenen Gesteinsbrocken, die das Eis aus dem Norden mitbrachte.

Grundmoränen Das sich zwischen Eis und Gletscheruntergrund sammelnde Material, das nach dem Abschmelzen des Eises flächenhaft ausgebreitet liegenblieb.

Kaltzeit *Eiszeit, Glazialzeit* Jener Abschnitt der Erdgeschichte, in dem durch Klimaveränderungen größere, sonst nicht vereiste außerpolare Gebiete von mächtigen Gletschern oder Inlandeismassen bedeckt wurden. → Weichsel-Kaltzeit.

Kreidefelsen auf Rügen. Etwa 60 bis 70 Millionen Jahre alte, sehr fossilreiche Ablagerungen der Oberkreide (Unter-Maastricht). Der hohe Calciumkarbonatgehalt von etwa 98 % wird zu

Zu Tour 45 **Kreidesteilküste an der Stubnitz**

fast 75 % durch die Reste calcilitischer Einzeller (Coccolithen) bewirkt.

Litorina-Meer Von ungefähr 7500 bis 4000 vor heute. Durch den relativ raschen Anstieg des Meeresspiegels kam es 7500 vor heute zu einem Vordringen des Meeres in das heutige Küstengebiet. Die höher gelegenen Bereiche wurden zu Inseln, von denen die Bildung von Sandhaken und Nehrungen ausging. Ost- und Nordsee erreichten ihre größte nacheiszeitliche Ausdehnung.

Pommersches Stadium Die Stillstandslagen des letzten größeren Vorstoßes des nordeuropäischen Inlandeises während der Weichsel-Kaltzeit vor etwa 15 000 vor heute. Die Schmelzwässer des Pommerschen Stadiums wurden vom Thorn-Eberswalder Urstromtal aufgenommen. Kennzeichnend sind die Seenplatten, wie die Schleswig-Holsteinische, die Mecklenburgische und die Pommersche Seenplatte.

Sander Aus Schottern und Sanden bestehende Ablagerungen der Gletscherbäche im Vorfeld der Gletscher und Inlandeismassen. Sanderflächen sind meist wenig fruchtbar und deshalb heute meist mit Wald bedeckt.

Stauchendmoräne *Stauchmoräne* Schutt, der von der Gletscherstirn vom Untergrund abgeschürft und zusammengeschoben und zusammengepreßt wurde.

Sturmhochwässer Durch starke Südwestwinde eines die Ostsee überquerenden Sturmtiefs werden die Wassermassen in die östliche Ostsee geschoben. Schlägt der Wind um, werden die Wassermassen nach Südwesten gedrückt. Es entstehen dadurch die für die mecklenburg-vorpommersche Küste gefährlichen Sturmhochwässer.

Weichsel-Kaltzeit *Weichsel-Eiszeit* Die letzte Kaltzeit im nördlichen Mitteleuropa vor etwa 75 000 bis 15 000 Jahren, Spätglazial bis etwa 10 000 vor heute. In dieser Zeit wurde durch die Gletscherbewegungen die Oberflächenstruktur Mecklenburg-Vorpommerns weitgehend geschaffen.

Wiek Niederdeutsch (kleine) Bucht an der Ostsee.

Klützer Winkel

Zwischen dem Dassower See und der Wohlenberger Wiek liegt mit einer Fläche von etwa 150 Quadratkilometern der Klützer Winkel, ein Moränenhöhenrücken, der während des Pommerschen Stadiums der letzten Nordischen Kaltzeit, der Weichsel-Kaltzeit, geformt wurde. Sanfte Rücken und Täler sind das Kennzeichen dieser Landschaft. Auf der im Laufe der Zeit entstandenen Geschiebemergeldecke siedelte sich ein undurchdringlicher Eichen-, Rotbuchen- und Erlenwald an, in dessen Schatten sich ein fruchtbarer Waldboden entwickeln konnte. Mit der deutschen Besiedlung des Klützer Winkels im 12. Jahrhundert wurde mit der Rodung dieses Urwaldes begonnen, und dank des fruchtbaren Bodens entstand hier die Kornkammer Mecklenburgs.

Die bäuerlichen Kolonisten brachten ihren Haustyp, das niederdeutsche Bauernhaus aus ihrer Heimat Westfalen, Niedersachsen und Holstein mit. Die Orte waren vielfach Waldhufen- oder Hagendörfer, deren Gebäude in losem Zusammenhang an der Dorfstraße standen, während das dazugehörige Ackerland in einem langen Streifen hinter jedem Gehöft lag.

Vierzig Jahre war der Klützer Winkel ein ›vergessener Winkel‹, der durch die politischen Verhältnisse abgeschieden zwischen Lübeck und Wismar dahindämmerte. Ihn zu entdecken gilt es. Lassen wir uns dazu durch die Zusammenfassung in der Speisekarte des Restaurants Alter Hof in Hohen Schönberg anregen. Dort heißt es:

»Die fruchtbare humose Braunerde bescherte von jeher den Bauern reiche Ernten. Dieser Segen wurde schon immer mit viel Mühe und Schweiß erarbeitet, denn die Erde ist sehr schwer und steinig. Der sprichwörtliche Fleiß der Menschen in unserem Winkel, führte bereits in der Vergangenheit zu einer beträchtlichen Industrialisierung. So lieferte der Klützer Wald, der heutige Leonorenwald, für die Lübecker das Bauholz. Dieses Recht geht auf eine Beurkundung von Kaiser Barbarossa aus dem Jahre 1188 zurück. Einige Ziegeleien in unserem Gebiet lieferten für die Hansestadt Mauersteine. So gab es bis zum Zusammenbruch der New Yorker Börse sogar ein eigenes Bankhaus in Kalkhorst. Im 14. Jahrhundert begann die Beherrschung des Klützer Winkels von der Ritterschaft derer von Plessen, die restlichen verkümmerten Wallanlagen sind heute noch in Arpshagen sichtbar. Im 18. Jahrhundert wurde der Besitz verkauft an den Graf von Bothmer. Noch weit in unser Jahrhundert übte er die Herrschaft über Land und Leute im Klützer Winkel aus. Wir wünschen uns, daß die wunderschönen Schlösser und Anlagen in Klütz und Kalkhorst für die Nachwelt erhalten werden.

Literarisch wurde unsere Heimat durch den norddeutschen Dichter Fritz Reuter bekannt. Er verliebte sich in die Tochter des Pastors von Roggenstorf, in der dortigen Kirche fand die Trauung statt. Viele Geschichten mit Onkel Braesig haben hier ihren Ursprung gefunden. Der weltbekannte Trojaforscher Heinrich Schliemann verbrachte beim Pastor von Kalkhorst einige seiner Jugendjahre.

Unweit unserer Gaststätte erhebt sich der Hohe Schönberg mit seinen 92 Metern. Bei guter Sicht empfehlen wir Ihnen einen Rundblick. Er reicht von den Türmen in Wismar, der Insel Poel und Fehmarn bis Lübeck. Nirgends anders in Norddeutschland reicht der Blick so weit und ist die Aussicht so schön, es ist ein wahrhaft schöner Berg.“

1 Priwall (Travemünde) - Pötenitzer Wiek - Dassower See - Dassow (-Priwall)

Verkehrsmöglichkeiten Bahnlinie Lübeck - Travemünde-Strand, Bahnhof Travemünde-Hafen. Mit der Priwallfähre zum Priwall, etwa 2,5 Kilometer durch die Mecklenburger Landstraße zum Ausgangspunkt an der Bushaltestelle Grenze. - Buspendelverkehr zwischen Dassow und der ehemaligen Grenze (1990).
Parkmöglichkeiten Auf dem Priwall am Ende der Mecklenburger Landstraße bei der Bushaltestelle Grenze. (Parkplätze in Dassow in der Nähe der Kirche.)
Wegmarkierung Keine.
Tourenlänge 10,5 km, einfache Wegstrecke.
Wanderzeit 2 1/2 Stunden, einfache Wegstrecke.
Höhenunterschiede Insgesamt 40 Meter.
Wanderkarte Tourist Karte 1 : 100 000, Blatt 6, Holsteinische Schweiz.
Wissenswertes Die *Halbinsel Priwall* ist eingerahmt von der Pötenitzer Wiek, der Trave und der Ostsee. - Der früher durch die politischen Verhältnisse vollkommen unzugängliche *Dassower See* ist heute ein Naturschutzgebiet.
Tourenbeschreibung Vom Ausgangspunkt an der Bushaltestelle Grenze am Ende der Mecklenburger Landstraße auf dem *Priwall* überqueren wir zunächst den ehemaligen Grenzstreifen auf Betonplatten (etwa 200 m), dann geht es nach rechts an einem Parkplatz vorbei, bis der ehemalige Grenzstreifen nach rechts

abzweigt. Diesem folgen wir oberhalb des Uferstreifens der Pötenitzer Wiek entlang.

Etwa 800 Meter nach dem Übergang von der Pötenitzer Wiek zum Dassower See steht links ein Haus (Volkstorf). Hier verlassen wir den Grenzstreifen ansteigend nach links (etwa 250 m) zum Sträßchen nach Johannstorf. Von hier oben haben wir eine ausgezeichnete Sicht über den Dassower See.

Auf dem Sträßchen nach *Johannstorf* wandern wir nach rechts, geradeaus durch den Ort, weiter durch die Einfahrt des ehemaligen Gutshauses (ehemaliges Wasserschloß) und vor diesem nach rechts auf einem Pflastersträßchen durch das Wäldchen zu Häusern. An diesen verlassen wir das Sträßchen und gehen schräg nach rechts auf dem Feldweg zwischen einem Backsteinhaus und einem alten Brunnen/Hydranten seewärts, an einem langgezogenen Backsteinbau vorbei zu einem Feld und an einer Feldgrenze entlang zum ehemaligen Grenzstreifen (etwa 300 m).

Diesem folgen wir nach links zur B 105. Vor uns liegt Dassow rechts unten der Dassower See.

Am Ortsrand von *Dassow* überqueren wir die B 105 geradeaus. Es geht etwa 100 Meter bergan, dann nach rechts durch den Schulgang und an dessen Ende nach links zur Kirche von Dassow. Rückfahrt mit dem Bus oder dieselbe Strecke zurück.

2 Priwall (Travemünde) - Pötenitz - Wieschendorf - Harkensee - Priwall

Verkehrsmöglichkeit Bahnlinie Lübeck - Travemünde-Strand, Bahnhof Travemünde-Hafen. Mit der Priwallfähre zum Priwall, etwa 2,5 Kilometer durch die Mecklenburger Landstraße zum Ausgangspunkt an der Bushaltestelle Grenze.
Parkmöglichkeit Parkplatz auf dem Priwall am Ende der Mecklenburger Landstraße bei der Bushaltestelle Grenze.
Wegmarkierung Keine.
Tourenlänge 14,5 km, 7,5 km über Rosenhagen.
Wanderzeit 3 1/2 Stunden, 1 3/4 Stunden über Rosenhagen.
Höhenunterschiede Insgesamt etwa 90 Meter.
Wanderkarte Tourist Karte 1 : 100 000, Blatt 6, Holsteinische Schweiz.
Wissenswertes *Halbinsel Priwall* siehe Tour 1. - Die Niederung *Hakebäk-Deipsee*, ein Naturschutzgebiet, ist ein ausgedehntes,

Zu Tour 1 **Dassower See bei Dassow (Naturschutzgebiet)**

naturbelassenes Feuchtgebiet mit großer Bedeutung für die Fauna (Amphibien, Wasservögel).

Anmerkung Einige Wegstrecken sind auf Asphalt zurückzulegen. Trotz intensiver Suche, vor allem zwischen Wieschendorf und Hof Barendorf ließen sich keine Feldwege finden, um dem Asphalt zu »entfliehen«.

Tourenbeschreibung Die Wanderung führt uns rund um die Hakebäk-Deipsee-Niederung. Ausgangspunkt ist die Bushaltestelle Grenze auf dem *Priwall.* Von hier sind es etwa 200 Meter über Betonplatten zur Weggabelung Rosenhagen - Pötenitz am ehemaligen Grenzstreifen. Nach etwa 30 Metern in Richtung Rosenhagen (Wegweiser) zweigt am Hinweisschild auf das Naturschutzgebiet Hakebäk-Deipsee nach rechts durch das Feuchtgebiet ein Pfad ab, auf dem wir Pötenitz erreichen. Rechts vor uns liegt die Pötenitzer Wiek, im Hintergrund ist Travemünde zu sehen.

In *Pötenitz* folgen wir der Straße nach links, durchqueren den Ort und kommen auf einer Anhöhe an die Abzweigung nach *Feldhusen.*

Wer sich hier für die verkürzte Wanderung entschließt, zweigt etwa 50 Meter weiter von der Straße nach Harkensee nach links nach Rosenhagen ab. Durch Rosenhagen kommen wir zum Strand und wiederum nach links über den ehemaligen Grenzstreifen zurück zum Priwall.

Auf dem Natursträßchen wandern wir nach *Feldhusen*, und geradeaus durch den kleinen Ort in die Niederung des Deipsees (hier nicht nach rechts abzweigen!). Es geht weiterhin geradeaus, durch einen Hohlweg ansteigend an den Ortsrand von *Wieschendorf* (vorher zweigt nach links ein Betonplattenweg ab, der leider nur zur Hälfte zur Asphaltstraße nach Harkensee führt). Hier mündet der Feldweg auf die Asphaltstraße ein. Wir gehen nun auf dieser nach links nach *Harkensee*, wobei links von uns die Deipsee-Niederung liegt. Am Ortseingang von Harkensee, an der Straßengabelung Klütz - Barendorf, folgen wir dem Sträßchen halbrechts an Linden und an einer riesigen Scheune vorbei zum früheren Herrenhaus und zur Gaststätte Zum Schloßkrug. Hier geht es nach links abwärts zur Straßengabelung und weiter Richtung Barendorf (Wegweiser). Das Sträßchen führt über den 21 Meter hohen Klodtenberg mit dem *Hof Barendorf*. Hinter diesem zweigt die Straße nach Barendorf nach rechts ab. Wir wandern hier geradeaus zum Strand. Vor dem Strand treffen wir auf den früheren Grenzstreifen, dem wir nach links an Rosenhagen vorbei zum *Priwall* zurück folgen. Sehr zu empfehlen ist es, unterhalb von Hof Barendorf und bei Rosenhagen zum Strand vorzugehen. Der Blick auf die Lübecker Bucht und Travemünde ist lohnend.

3 Kalkhorst - Leonorenwald - Hoher Schönberg - Kalkhorst

Verkehrsmöglichkeit Busverbindung Boltenhagen - Klütz - Kalkhorst.
Parkmöglichkeit In Kalkhorst gegenüber dem Kulturzentrum an der Straße nach Dassow.
Wegmarkierung Keine.
Tourenlänge 13,5 km, 15 km durch den Wald zurück nach Kalkhorst.
Wanderzeit 3 Stunden, $3^1/_2$ Stunden durch den Wald zurück nach Kalkhorst.
Höhenunterschiede Insgesamt etwa 120 Meter.
Wanderkarte Tourist Karte 1 : 100 000, Blatt 6, Holsteinische Schweiz. - Ostseeküste, westlicher Teil 1 : 100 000, Haack, Gotha. - Generalkarte 1 : 200 000, Blatt 28.

Wissenswertes Das Herzstück des Klützer Winkels, der *Leonorenwald*, beeindruckt durch das Relief; Wellen und Platten wechseln sich ab. Sie bestehen aus Geschiebelehmen und -mergeln mit Sandeinlagerungen. Dazwischen liegen Feuchtgebiete auf undurchlässigen Lehmen. - Der *Hohe Schönberg* (92 m) ist sicher einer der besten Aussichtsberge Norddeutschlands. - An hohen Stellen im Klützer Winkel liegen *Hügelgräber.* Am Natursträßchen von Kalkhorst nach Rankendorf befinden sich zwei Gruppen, vermutlich aus der Bronzezeit (1800–600 v. Chr.).
Anmerkungen Falls zwei Autos zur Verfügung stehen, empfiehlt es sich, eines vorher nach Hohen Schönberg zu stellen, da sich dann der Rückweg von Hohen Schönberg nach Kalkhorst auf der schmalen Landstraße vermeiden läßt. - Man kann die Wanderung auch am Pflegeheim in Kalkhorst beginnen. Parkplätze sind in der Nähe vorhanden.
Tourenbeschreibung Gegenüber der Kirche in *Kalkhorst* führt die Heinrich-Schliemann-Straße in Richtung Rankendorf (Wegweiser). Wir folgen dieser, bis am Ende der LPG eine Pflasterstraße nach links abzweigt (Wegweiser Pflegeheim). Auf der Pflasterstraße kommen wir zum ehemaligen Schloß, in dem sich heute ein Pflegeheim befindet. Durch das parkähnliche Waldstück wandern wir auf dem Hauptweg am Schloß vorbei, kommen an einem rechts liegenden See vorüber und stoßen dann auf einen Querweg. Nach links ansteigend (etwa 50 m) erreichen wir eine Kuppe und geradeaus weiter ohne abzuzweigen ein ver-

Zu Tour 3, 6 **Blick vom Hohen Schönberg auf die Lübecker Bucht**

setztes Wegkreuz. An dem nach links abzweigenden Weg stehen etwas zurückversetzt links eine alte Eiche, rechts drei Fichten.

Hier haben wir die Möglichkeit, zu einer sehr schönen Stelle im Klützer Winkel zu wandern, indem wir geradeaus weitergehen. Dieser Abstecher ist sehr empfehlenswert. Bergan erreichen wir nach einer Rechtskurve eine der höchsten Stellen im Leonorenwald (76 m). Rechts unten liegt malerisch ein einsames Gehöft inmitten des Wald- und Weidegebietes. Folgt man dem Hauptweg scharf nach links zu einer Rodung (etwa 100 m), so betritt man eine Stelle im Klützer Winkel, an der die eiszeitliche Überformung sehr einprägsam zu erkennen ist. (Von der Aussichtsstelle auf das Gehöft sind es wenige Meter zum Rand einer Sandgrube, deren Zutritt nicht gestattet ist. An deren unterem Ende ist der später beschriebene Weiterweg zu erkennen.)

Zurück zum versetzten Wegkreuz. Unsere Wanderung führt weiter am Wegkreuz nach rechts (im Sinne der Gesamtwanderung, das heißt vom Abstecher kommend nach links) auf dem Waldweg bis dieser in eine Weide führt. Hier folgen wir dem kleinen Pfad geradeaus an den Ausgang der Sandgrube und erreichen nach weiteren etwa 250 Metern das Natursträßchen Kalkhorst - Rankendorf. (Auf diesem kann man nach rechts nach Kalkhorst zurückwandern.)

Wir folgen dem Sträßchen nach links ansteigend zum Wegkreuz auf der Kuppe. Links an der Straße liegt vor der Kuppe eine Hügelgräbergruppe, die aus mindestens zwei Anlagen bestehen soll, und auf der Kuppe unter einer Baumgruppe ein weiteres Hügelgrab.

Auf der höchsten Stelle am Wegkreuz zweigen wir nach links in ein schönes Buchenwaldgebiet ab. Zunächst blicken wir auf dem Weiterweg über eine rechts liegende Lichtung nach Süden, später taucht links durch den Waldsaum eine große Ackerfläche mit einzeln stehenden Eichen auf. Wir überqueren einen kleinen Bach und wandern leicht ansteigend weiter, bis wir auf einen Querweg aus Betonplatten stoßen. Auf diesem geht es nach links und auf dem folgenden schönen Waldweg geschwungen weiter zu einer Wegkreuzung. Diese überqueren wir geradeaus, kommen abwärts in ein Tälchen und weiter entlang von Rodungen zu einer ausgeprägten Rechts-Links-Kurve. Hier nicht geradeaus, sondern dem Hauptweg weiter folgend zur Landstraße Klütz – Kalkhorst.

Nach 200 Metern auf der Landstraße nach links führt rechts aufwärts ein Pfad zwischen einer Weide und einer Hecke zu einer Sandgrube. Von dort sind es 100 Meter nach links zum *Hohen Schönberg.* Weit schweift der Blick von Lübeck und Travemünde über die Lübecker Bucht bis Fehmarn. Im Osten liegen die Wismar Bucht und die Insel Poel, dahinter die Kühlung und weiter südöstlich Klütz mit der Windmühle und dem markanten Kirchturm.

Zurück zur Straße oder über die Weide nach *Hohen Schönberg.* Von hier sind es auf der Landstraße etwa drei Kilometer nach Kalkhorst.

Wer die Landstraße meiden möchte, gut zu Fuß ist, mutig, und bereit neue Wege zu gehen, dem sei folgender Weg, der teilweise nur eine Wegspur ist, empfohlen:

Zunächst gehen wir in Hohen Schönberg in Richtung Kalkhorst, vor der Bushaltestelle am Ortsausgang (links liegt der Dorfteich) nach links über den Feldweg, der auf die Kuppe führt, dann an einem Gehöft vorbei in den Wald. Nach etwa 150 Metern zweigen wir nach rechts in einen untergeordneten Waldweg ab. Dieser führt leicht abwärts in eine kleine Senke (hier kommen die Felder an den Wald heran), im Wald am Waldrand entlang bis zum Waldeck. Von hier ist der Kirchturm von Kalkhorst gut zu sehen, es führt jedoch kein Weg über die Äcker. Wir folgen daher dem Pfad am Waldrand entlang nach links, bis eine nach rechts führende Baumreihe die Ackerfläche von einer großen Weidefläche trennt. Am Rand der Ackerfläche entlang, nach etwa 100 Metern an einem schräg stehenden Findling und an einem Steinmann! in den Wald hinein. Im Wald bleiben wir immer in der Nähe des Waldrandes. Der Pfad verliert sich etwas nach den großen Findlingen, führt aber dennoch weiter. Am Ende des Waldrandes, dort wo das Feld rechts endet, überqueren wir den Graben nach rechts und erreichen an einem großen Findling vorbei nach 30 Metern durch den Wald das Waldsträßchen am See in der Nähe des Pflegeheims. Von hier geht es nach rechts am Pflegeheim vorbei zurück nach *Kalkhorst.*

Wer von Hohen Schönberg diesen Rückweg bevorzugt, dem sei als Ausgangspunkt das Pflegeheim empfohlen.

4 Kalkhorst - Brooker Wald - Groß Schwansee - Kalkhorst

Verkehrsmöglichkeit Busverbindung Boltenhagen - Klütz - Kalkhorst.
Parkmöglichkeit In Kalkhorst gegenüber dem Kulturzentrum an der Straße nach Dassow.
Wegmarkierung Keine.
Tourenlänge 11 km.
Wanderzeit $2^1/_2$ Stunden.
Höhenunterschiede Insgesamt etwa 180 Meter.
Wanderkarten Tourist Karte 1 : 100 000, Blatt 6, Holsteinische Schweiz. - Generalkarte 1 : 200 000, Blatt 28.
Wissenswertes Beim Naturschutzgebiet *Brooker Wald* handelt es sich um einen Küstenwald mit naturnaher Ausprägung. Am Steilufer sind Restbestände des Küstenbuchenwaldes erhalten, die an die größeren Bestände in Nienhagen und auf der Stoltera erinnern.

Tourenbeschreibung Von der Kirche in *Kalkhorst* (Wegweiser nach Brook) wandern wir auf dem Natursträßchen durch das Küstenvorland in den kleinen Ort *Brook.* Rechts liegt der Dorfteich, kurz darauf folgen wir dem Wegweiser Ostsee nach links zur Küste (Badestelle).

Hier geht es wiederum nach links auf dem ehemaligen Grenzstreifen zum Naturschutzgebiet *Brooker Wald,* wo wir vom Steilufer einen guten Blick über die Lübecker Bucht haben. Auf dem ehemaligen Grenzstreifen setzen wir unsere Wanderung zum geplanten (1990) Hotelkomplex Rohrdiek unterhalb von Groß Schwansee fort. Dort verlassen wir diesen nach links, wandern zum ehemaligen Herrenhaus und vor diesem nach rechts zur Lindenstraße. Diese Asphaltstraße durch *Groß Schwansee* ›umgehen‹ wir auf dem nach links führenden Asphaltsträßchen Am Park bis vor die LPG, dann auf dem Feldweg nach rechts bergan durch die Kastanien-, später Lindenallee zum Sträßchen Groß Schwansee - Kalkhorst. Auf diesem erreichen wir nach links nach etwa 2,5 Kilometern wieder *Kalkhorst.*

5 Klütz - Stellshagen - Hofzumfelde - Schloß Bothmer - Klütz

Verkehrsmöglichkeiten Von Klütz bestehen Busverbindungen zum Ostseebad Boltenhagen, nach Wismar und Grevesmühlen, außerdem eine Bahnverbindung nach Grevesmühlen.
Parkmöglichkeit In Klütz in der Nähe des Marktes (Ernst-Thälmann-Straße).
Wegmarkierung Stellshagen - Hofzumfelde - Schloß Bothmer roter Balken auf weißem Grund.
Tourenlänge 9 km.
Wanderzeit 2 1/4 Stunden.
Höhenunterschiede Insgesamt etwa 60 Meter.
Wanderkarten Ostseeküste, westlicher Teil 1 : 100 000, Haack, Gotha. - Generalkarte 1 : 200 000, Blatt 28.
Wissenswertes *Arpshagen* erhielt seinen Namen nach dem Ritter Erpus, der hier nach dem Sieg über die Slawen mit seinen Bauern zu roden begann. 1319 erwarben die von Plessen den Hof, umgaben ihn mit einem doppelten Wallgraben und blieben mit wenigen Unterbrechungen bis zum Anfang des 18. Jahrhunderts in Arpshagen. Im Laufe der Zeit wurden sie die mächtigsten Herren im Klützer Winkel. Heute sind nur noch unbedeutende Reste der Wallanlage vorhanden. - Das 1938 zur Stadt erhobene

Klütz wurde erstmals 1230 urkundlich erwähnt. Es war damals schon das größte Kirchspiel im Klützer Wald. Die Sankt Marienkirche wurde 1330 als Hallenkirche aus Backstein erbaut. 1723 kauften die Grafen von Bothmer das Land von den Plessen und machten das 1726 bis 1732 erbaute barocke Schloß Bothmer zu ihrer Residenz. Heute ist im Schloß ein Pflegeheim untergebracht, die ursprünglich im französisch-holländischen Stil ausgeführten Parkanlagen sind jedoch zugänglich.

Anmerkung Der Abschnitt Stellshagen - Hofzumfelde ist Teil des Wanderweges Grevesmühlen - Klütz - Ostseebad Boltenhagen. An der Schule in Stellshagen ist er durch einen Wegweiser gut ausgewiesen, jedoch heute kaum begangen und verfallen. Die weitere Markierung bis Hofzumfelde fehlt. Es ist zu wünschen, daß dieser Abschnitt wieder ausgebaut und markiert wird.

Tourenbeschreibung Vom Markt in *Klütz* erreichen wir in Richtung Dassow (Rudolf-Breitscheid-Straße) nach etwa 100 Metern die Gaststätte Klützer Eck (Wegweiser Schloß Bothmer). Hier geht es weiter Richtung Dassow - Lübeck und, nachdem die Vorfahrtsstraße nach rechts abzweigt, geradeaus weiter durch *Arpshagen* in das durch seine blumenreichen Vorgärten geschmückte *Goldbeck.* Am Ortsende von Goldbeck wandern wir nach links zum ehemaligen Gutshaus, vor diesem weiter nach rechts. Von der folgenden Anhöhe blicken wir auf das Kernstück des Klützer Winkels, den Leonorenwald. Danach biegt der Weg nach links ab und führt geradeaus durch die Felder zu einer Baumreihe. Hier leicht nach links über den Bahnübergang und leicht ansteigend zu den ersten Häusern von *Stellshagen.*

Der Ort selbst liegt in einer Senke. Am Dorfteich geht es nach links ansteigend zur (Clara-Zetkin-)Schule. Vor dieser führt der Weg am Zaun nach rechts (Wegweiser nach Klütz) auf das Feld (50 m). Nun weglos an einer Feldgrenze abwärts zum Waldeck. Vor diesem queren wir nach rechts über den Graben und gehen am Wald entlang in die Senke. Hier führt ein schmaler Waldpfad nach links durch sumpfiges Waldgelände zu einer Weidenreihe, die zwei Felder trennt. An dieser rechts entlang zum nächsten Waldfleck. Am Hinweisschild Naturflächendenkmal gehen wir in den Wald auf den ausgetretenen Waldpfad und erreichen nach 30 Metern einen quer verlaufenden Waldpfad*, dem wir nach rechts zum Waldende folgen.

Hier zieht sich eine Baumreihe an einem Graben entlang Richtung Hofzumfelde. An deren rechter Seite führen Wegspuren zu den ersten Häusern von *Hofzumfelde.* Es ist notwendig, den besten Weg durch die Weiden zur Landstraße zu suchen.

Auf dieser geht es dann nach links zur Bushaltestelle in Hofzumfelde (etwa 500 m), hier wiederum nach links und nach wenigen Metern nach rechts (Wegweiser mit Wegmarkierung) zur girlandenartigen Lindenallee, die zum Haupteingang von *Schloß Bothmer* führt. Von der Kuppe bietet sich uns ein außergewöhnlicher Blick auf das Portal des Schlosses.

Rechts des Haupteingangs kommen wir durch einen schmalen Durchgang zum sehenswerten Park, in dem sich ein Rundgang lohnt. Vom Parkcafé geht es dann über die Brücke über den

Zu Tour 5, 6, 8 **Schloß Bothmer bei Klütz**

Wassergraben und an den Sportplätzen entlang über den Parkplatz zur Landstraße. Von hier sind es etwa 400 Meter nach links zum Ausgangspunkt am Markt in *Klütz.*

Hinweis* Die eigentlich logische Wegführung folgt dem Querpfad im Wald nach links zum Waldausgang, hier geradeaus weiter auf einem Damm 300 Meter zwischen zwei Wassergräben mit einer Pappelreihe zu einem nach rechts verlaufenden Wassergraben. An diesem auf Traktorspuren entlang bis der Graben überschritten werden kann, dann an einer Feldgrenze links bergan nach *Hofzumfelde.* Am Wegweiser nach links. Die 300 Meter auf dem Damm waren zur Zeit der Begehung jedoch zugewachsen.

6 Travemünde - Klützer Winkel - Klütz - Ostseebad Boltenhagen

Verkehrsmöglichkeiten Bahnlinie Lübeck - Travemünde-Strand, Bahnhof Travemünde-Hafen. Von Klütz besteht eine Bahnverbindung nach Grevesmühlen, Busverbindungen zum Ostseebad Boltenhagen, nach Wismar und nach Grevesmühlen. Vom Ostseebad Boltenhagen bestehen Busverbindungen nach Klütz und Wismar.

Parkmöglichkeiten Parkplätze am Hafen in Travemünde und auf dem Priwall. (Parkplätze im Zentrum des Ostseebades Boltenhagen.)

Wegmarkierung Travemünde - Klütz keine Wegmarkierung; von der Gaststätte Klützer Eck in Klütz bis Wichmannsdorf bei Boltenhagen roter Balken auf weißem Grund.

Tourenlänge 30 km, 35 km über Hohen Schönberg.

Wanderzeit $6^3/_4$ Stunden, 8 Stunden über Hohen Schönberg.

Höhenunterschiede Insgesamt etwa 180 Meter.

Bademöglichkeiten Strände bei Rosenhagen und Barendorf; Ostseebad Boltenhagen.

Wanderkarten Tourist Karte 1 : 100 000, Blatt 6, Holsteinische Schweiz. - Generalkarte 1 : 200 000, Blatt 28. - Ostseeküste, westlicher Teil, 1 : 100 000, Haack, Gotha.

Wissenswertes *Halbinsel Priwall* siehe Tour 1. - Naturschutzgebiet *Hakebäk-Deipsee* siehe Tour 2. - *Leonorenwald* siehe Tour 3. - *Hoher Schönberg* siehe Tour 3. - *Arpshagen* siehe Tour 5. - *Klütz* siehe Tour 5. - Im *Ostseebad Boltenhagen* herrscht seit dem 19. Jahrhundert reger Badebetrieb.

Anmerkung Die Wegfindung durch das Wald- und Weidegebiet des Klützer Winkels zwischen Dönkendorf und Goldbeck ist nicht einfach. Bitte Beschreibung genau beachten.

Tourenbeschreibung Eine Entdeckungswanderung durch den stillen Klützer Winkel ist diese Wanderung von Travemünde nach Klütz und zum Ostseebad Boltenhagen. Ausgangspunkt ist *Travemünde.*

Mit der Priwallfähre setzen wir auf den *Priwall* über. Es geht etwa 250 Meter durch die Mecklenburger Landstraße bis nach links die Straße Kohlenhof abzweigt. Hier beginnt links der Mecklenburger Landstraße der Fußweg durch einen parkähnlichen Buchen Kiefern Mischwald. An einem Wohnblock setzen wir die Wanderung links vom Wohnblock an zwei Telefonhäuschen fort und kommen an den Holzhäuschen der Jugendherberge vorbei durch einen Campingplatz zum Beginn des »Waldweges«. Hier 20 Meter nach links, dann nach rechts in den Dünenweg, der sich durch eine Schrebergartenkolonie in den Seeweg fortsetzt. An dessen Ende, vor einem Sanddorngebüsch, führt unser Weg etwa 100 Meter nach rechts zur Bushaltestelle Grenze an der ehemaligen Grenze.

Von hier weisen uns Betonplatten den Weg durch den früheren Grenzstreifen (200 m) zu den Wegweisern nach Pötenitz und Rosenhagen. Wir folgen dem früheren Grenzstreifen in Richtung Rosenhagen bis die kleine Ortschaft rechts vor uns liegt. Die wenigen Meter zum nahen Strand lohnen sich wegen des Blickes zurück auf Travemünde und auf die Lübecker Bucht. – An der Abzweigung nach Rosenhagen gehen wir geradeaus weiter, ansteigend und abfallend zum Bach, der vom Deipsee zur Ostsee entwässert, über die Brücke und nach etwa 250 Metern an einem Blockhäuschen nach rechts auf den Feldweg, der zum 21 Meter hohen Klodtenberg führt. Auf diesem liegt *Hof Barendorf.* Dort treffen wir auf das Asphaltsträßchen, dem wir geradeaus durch die Lindenallee und die wellige Landschaft nach *Harkensee* folgen.

In Harkensee wandern wir an der Abzweigung nach links zum vier Kilometer entfernten *Neuenhagen*, vorbei an einem idyllisch gelegenen, reetgedeckten Gehöft an einem Löschwasserteich, an einem Pappelwäldchen und an einer Reihe Korbweiden entlang zu dem am falschen Ort stehenden Wegweiser nach Groß Schwansee. Am folgenden Wegdreieck geht es nach rechts, über den Graben und weiter auf dem von Roßkastanien gesäumten Natursträßchen zur Straße Dassow – Kalkhorst, die wir geradeaus in Richtung Dönkendorf überqueren.

Links ist der Kirchturm von Kalkhorst zu sehen, vor uns liegt das Weiden- und Waldgebiet des Klützer Winkels.

Timmendorfer
Strand
Brodtener Steil-Ufer
BRODTEN
Hermannshöhe
Niendorf
Vogelpark
Häven
Gneversdorf
Hemmels-
Teuten-
dorf
Warnsdorf
TRAVEMÜNDE
Wilmsdorf
Ovendorfer
Hof
Ovendorf
Skandinavien-
Kai
Priwall
Ivendorf
Pötenitzer
Wiek
Pöppendorf
Steingrab
Bültwisch
KÜCKNITZ-
Rangenbg.
Trave
Teschow
Dassower
See
Rosenhagen
Hof Barendorf
Barendorf
Klein-
Kalkhorst
Groß-
Schwansee
Neuenhgn.
Harkensee
Feldhusen
Pötenitz
WIESCHEN-
DORF
Volkstorf
Johannstorf
TANKEN-
HAGEN
WILMS-
TORF
KALTENHOF
GROSS
VOIGTSHAGEN
HOLM
KLEIN
VOIGTSHAGEN
Dönkendorf
Klützer Winkel
Brook
Warnkenhagen
Kleinklützhöved
STEINBECK
Elmenhorst
Hoher Schön-B.
Hohen Schönberg
Klein Pravtshagen
ARPSHAGEN
GOLDBECK
KÜHLEN-
STEIN
Rankendorf
Welzin
Grevenstein
Roggenstorf
Moor
Stellshagen
Hof
Reppenhgn.
Hof
Gutow
Dorf
Gutow
GRUND
Redewi

Am Ortseingang von *Dönkendorf* folgen wir dem Rankendorfer Weg nach rechts zum letzten Haus, hier nach links auf einem Feldweg auf einen einzeln stehenden Baum zu, später an einem wassergefüllten Toteisloch vorbei, bis unser Weg auf dem Querweg von Kalkhorst nach Rankendorf trifft. Der Weiterweg führt nach rechts und nach etwa 500 Metern am Waldrand in den Wald nach links zum nächsten Querweg (etwa 400 m), weiter nach rechts über einen Graben. In einer folgenden kleinen Senke zweigt nach links ein Feldweg ab, an dem zurückversetzt links eine alte Eiche, rechts drei Fichten stehen. Diesem Weg folgen wir, bis er in einen untergeordneten Fahrweg übergeht (in einer davor liegenden Rechtskurve nicht nach links abzweigen!). Auf dem untergeordneten Weg geradeaus durch eine sumpfige Senke und ansteigend in einen Buchen-Eichen-Mischwald mit zahlreichen Findlingen. Hier führt der Weg links an einem Wildgatter vorbei. Etwa 100 Meter nach dem Wildgatter geht es nach links, danach in einer Rechtskurve leicht ansteigend auf eine Verebnung, auf der nach links die Straße nach Hohen Schönberg abzweigt.

Diejenigen, die zum *Hohen Schönberg* (92 m) wandern, zweigen hier nach links nach Hohen Schönberg ab. Den Ort verlassen wir nach rechts Richtung Klütz und steigen entweder am Ortsende über die Weide zum Aussichtspunkt oder gehen etwa 500 Meter die Landstraße bergab, bis nach links ein Pfad zwischen einer Hecke und einer Weide bergauf führt. Einzigartig ist der Blick von Lübeck über Travemünde, die Lübecker Bucht bis nach Fehmarn, im Osten die Wismar Bucht und die Insel Poel, dahinter die Kühlung. Im Südosten liegt Klütz mit der Windmühle und dem markanten Kirchturm.

Zurück auf dem Pfad zur Landstraße, der wir etwa 200 Meter abwärts in Richtung Klütz folgen, dann nach rechts auf dem Waldweg bergab in ein Tälchen und aus diesem bergauf zu einem Wegkreuz*, das nur etwa 600 Meter von der Abzweigung nach Hohen Schönberg entfernt liegt.

Auf der Verebnung (s. o.) geht es geradeaus weiter und durch eine weite Rechtskurve zu einem Wegkreuz*. Hier wiederum geradeaus weiter, abfallend zum Waldrand und mit Blick auf die Windmühle und den Kirchturm von Klütz zur Pflasterstraße, die nach links nach *Goldbeck* führt. Wir wandern durch Goldbeck mit seinen schönen Blumenvorgärten und auf der Landstraße durch *Arpshagen* nach *Klütz.* (In Arpshagen können wir vor dem Haus An der Chaussee 9 nach rechts von der Straße abzweigen und über Schloß Bothmer nach Klütz wandern.)

Geradeaus erreichen wir die Gaststätte Klützer Eck, an der der markierte Wanderweg zum Ostseebad Boltenhagen beginnt. Vom Klützer Eck geht es zunächst durch die Straße Im Kaiser. Nach etwa 250 Metern an einer rechts stehenden Eiche lohnt sich der Abstecher nach links zur Klützer Mühle, einer Windmühle, erbaut 1904, restauriert 1981, mit gutem Rundblick.

Am Ortsausgang von Niederklütz folgen wir dem Weg nach links (Wegmarkierung) zum Gutshaus Redewisch (Gaststätte), an dem der Weg geradeaus vorbeiführt.

Zu Tour 2, 6 **Blick vom Strand bei Rosenhagen auf Travemünde**

Etwa 150 Meter nach dem Gutshaus Redewisch teilt sich der Wanderweg nach Boltenhagen auf. Wir folgen dem nach rechts abzweigenden Weg durch ein Waldstück, über den Bach (zwei Brücken) nach Wichmannsdorf, wo wir an der Bushaltestelle Wichmannsdorf auf die Landstraße Klütz – Boltenhagen treffen. Der Straße entlang nach links sind wir in wenigen Minuten bei der Kirche des *Ostseebades Boltenhagen.*

Wismar Bucht und Insel Poel

Weit reicht der Blick vom Großklützhöved, das beim Ostseebad Boltenhagen aus dem Meer aufragt, über die Wismar Bucht und zur Insel Poel. Die Landschaft um die Wismar Bucht und die Insel Poel ist nicht allzu groß an Reizen, die Ufer sind flach, und in den Buchten, wie der Boltenhagener Bucht und der Wohlenberger Wiek gehen die Sandstrände sanft in die Ostsee über.

Nur im westlichen Teil des Gebietes, östlich von Grevesmühlen, werden im Bereich der Stauchendmoräne der letzten Kaltzeit Höhen von über 100 Metern erreicht (Fierdsberg 101 m, Heidberg 113 m). Sonst weist die Landschaft durchweg Grundmoränencharakter auf. Es ist eine ebene bis schwach gewellte Landschaft, auf der aufgrund der Geschiebemergeldecke ausgedehnter Feldbau möglich ist. Nur auf den sandigen Flächen blieben wenige Waldgebiete erhalten.

Wie ein welliger Teppich liegt die 37 Quadratkilometer große Insel Poel in der Wismar Bucht. Auch sie hat den für das Gebiet charakteristischen Grundmoränencharakter. Früher einmal war sie bewaldet, und wegen der geringen Niederschlagsmengen (etwa 550 mm/Jahr) herrschten hier genügsame Eichenwälder vor, anstelle der sonst verbreiteten Eichen-Rotbuchenwälder. Heute ist von diesen Wäldern nichts mehr übrig geblieben, außer einigen knorrigen Eichen am Schwarzen Busch, die wohl von alters her den Schiffern als Seezeichen dienten. Fast die gesamte Inselfläche wird heute landwirtschaftlich genutzt und ist ein Beispiel dafür, wie eine natürliche Landschaft vollständig in eine Kulturlandschaft umgewandelt wurde.

Die Insel Poel ist mit dem Festland durch einen festen Damm verbunden. Am Anfang ging der Weg nördlich des heutigen Dammes durch das Wasser. Der Damm wurde erstmals 1760 aufgeschüttet, 1858 erneuert und 1927 in der jetzigen Form fertiggestellt.

Ebenfalls in der Wismar Bucht liegen die Inseln Langenwerder und Walfisch. Langenwerder ist ein Naturschutzgebiet, in dem seltene Seevögel brüten. Von der kleinen Insel Walfisch, die ihren Namen vermutlich nach ihrer Form erhalten hat, wäre heute fast nichts mehr vorhanden, hätte man nicht aufgeschüttet. Das Inselchen wurde bereits 1271 erwähnt, damals unter dem Namen Aderholm.

Der Breitling, die Zaufe Golwitz und das Salzhaff, die geschützt hinter der Insel Poel und der Halbinsel Wustrow liegen, sind ruhige Meeresteile, die einen eigenen Reiz ausstrahlen. Hier läuft das Land flach aus, bevor es bei Rerik wieder steil aus der Ostsee aufsteigt.

Wismar ist der Mittelpunkt dieses Küstenstreifens. Schon 1259 schloß sich die Stadt mit Lübeck und Rostock zu einem Pakt gegen Seeräuber, aus dem sich die mächtige Hanse entwickelte, zusammen.

Wir denken, daß nicht nur Wismar einen Besuch wert ist. Vielmehr sind es die kleinen Orte, die Seebäder und die einfache Landschaft, die wir auf unseren Wanderungen kennenlernen wollen.

7 Ostseebad Boltenhagen - Großklützhöved - Steinbeck - Redewisch - Ostseebad Boltenhagen

Verkehrsmöglichkeiten Busverbindungen Grevesmühlen - Klütz, Wismar - Klütz - Boltenhagen; Pendelverkehr Klütz - Boltenhagen; Bahnverbindung Grevesmühlen - Klütz.
Parkmöglichkeiten Im Ostseebad Boltenhagen mehrere große Parkplätze; Parkplatz in der Nähe der Kirche (Ausgangspunkt).
Wegmarkierung In Redewisch roter Balken auf weißem Grund, sonst keine Markierung.
Tourenlänge 13 km. **Wanderzeit** 3 Stunden.
Höhenunterschiede Insgesamt etwa 80 Meter.
Wanderkarten Ostseeküste, westlicher Teil 1 : 100 000, Haack, Gotha. - Generalkarte 1 : 200 000, Blatt 28.
Wissenswertes Das *Großklützhöved* gehört zu den beeindruckendsten Steilküstenabschnitten im westlichen Mecklenburg. Aus Geschiebemergeln aufgebaut, bricht hier die Küste fast 30 Meter senkrecht zum Meer ab. - Bereits im 19. Jahrhundert entwickelte sich in *Boltenhagen* ein reger Badebetrieb, so daß 1826 schon 286 Zimmer vermietet werden konnten. In der Nacht vom 12. auf den 13. November 1872 wurden durch eine Sturmflut Teile des Ortes zerstört. Ein Granitblock auf dem Kapellenberg erinnert mit einer Hochwassermarke an diese Katastrophe.

Anmerkung Der Pfad am Steilufer ist kein offizieller Wanderweg; das Begehen geschieht auf eigene Gefahr (Hinweisschild).

Tourenbeschreibung Von der Kirche im *Ostseebad Boltenhagen* wandern wir am Strand entlang in Richtung Redewisch und haben schon von hier einen eindrucksvollen Blick auf das Großklützhöved. 30 Meter nachdem die Straße in einer Linkskurve landeinwärts führt, gehen wir nach rechts auf einen Feldweg und nach weiteren 30 Metern am Acker entlang wiederum nach rechts zum Steilufer. Dem Pfad folgen wir am Steilufer entlang ansteigend zum Großklützhöved mit herrlichem Blick auf die Ostsee (Vorsicht am Steilufer, Absturzgefahr!).

Wir setzen die Wanderung auf dem Feldweg am Rand des Steilufers nach Westen fort. Fast noch beeindruckender sind hier die Blicke über die Ostsee und in das Steilufer als an der höchsten Stelle. Am Militärgelände führt der Weg nach links am Zaun entlang und an dessen Ende nach rechts zur Haupteinfahrt. (Direkter Weg zum Steilufer bei Steinbeck s. u.*)

Hier wandern wir auf dem von der Haupteinfahrt wegführenden Sträßchen über eine kleine Kuppe zum Wegkreuz, über dieses geradeaus weiter und auf dem Asphaltsträßchen zum ersten Wegdreieck. Nach rechts erreichen wir das zweite Wegdreieck. An diesem geht es wiederum nach rechts und am Transformatorenhäuschen vorbei auf dem Natursträßchen über die Kuppe, von der wir einen weiten Blick über die Felder haben,

Zu Tour 6, 7, 8 **Strand beim Ostseebad Boltenhagen und Großklützhöved**

und durch ein Wäldchen zum Ferienheim Klützer Höved in *Steinbeck.* 30 Meter nach der Kuppe, an einem mit wildem Wein bewachsenen Haus, führt ein ehemaliger Grenzweg nach rechts zum Steilufer.

*Diese Stelle kann auch entlang der Steilküste wie folgt erreicht werden: Vom Haupteingang des Militärgeländes führt am Zaun entlang ein schmaler Trampelpfad zum Feld. Wir folgen der Pfadspur an der Feldgrenze entlang zum Steilufer und diesem nach links bis an einem alten Wachturm ein Plattenweg von links an das Steilufer stößt (Weg von Steinbeck). Dieses Wegstück gehört zu den schönsten am Großklützhöved. Bisher war hier kein Weg vorhanden, 1990 entwickelte sich bereits ein Trampelpfad und es ist sehr zu wünschen, daß dieser Küstenabschnitt durch einen Wanderweg erschlossen wird.

Wir wandern zurück nach *Steinbeck*, auf dem Natursträßchen nach links über die Kuppe, dann durch ein Wäldchen und über eine weitere Kuppe zum Wegdreieck am Transformatorenhäuschen.

Nach rechts durchqueren wir die kleine Siedlung und folgen danach dem Weg nach einer scharfen Linkskurve zum Gutshaus Redewisch (Gaststätte) in *Redewisch.* Nach etwa 100 Metern nach links teilt sich der Wanderweg nach Boltenhagen auf (Wegmarkierungen). Wir folgen dem nach rechts abzweigenden Weg durch ein Waldstück und über den Bach (zwei Brücken) nach *Wichmannsdorf.* An der Bushaltestelle wandern wir nach links auf dem Gehweg entlang der Landstraße etwa einen Kilometer zurück zum *Ostseebad Boltenhagen.*

8 Ostseebad Boltenhagen – Klützer Windmühle – Schloß Bothmer – Klütz (– Ostseebad Boltenhagen)

Verkehrsmöglichkeit Bus Klütz – Ostseebad Boltenhagen.
Parkmöglichkeiten Im Ostseebad Boltenhagen mehrere große Parkplätze, Parkplatz in der Nähe der Kirche (Ausgangspunkt).
Wegmarkierung Vom Gutshaus Redewisch (Gaststätte) zum Schloß Bothmer roter Balken auf weißem Grund.
Tourenlänge 8 km bis Klütz, 11 km nach Boltenhagen.
Wanderzeit 1 3/4 Stdn. bis Klütz, 2 1/2 Stdn. nach Boltenhagen.
Höhenunterschiede Insgesamt etwa 60 Meter.
Wanderkarten Ostseeküste, westlicher Teil 1 : 100 000, Haack, Gotha. – Generalkarte 1 : 200 000, Blatt 28.
Wissenswertes *Boltenhagen* siehe Tour 7. – *Arpshagen* siehe Tour 5. – *Klütz* siehe Tour 5.
Tourenbeschreibung Von der Kirche im *Ostseebad Boltenhagen* folgen wir dem Sträßchen entlang der Boltenhagener Bucht in Richtung Redewisch. Bevor dieses Sträßchen die Küste nach links verläßt, bietet sich uns ein schöner Blick auf das Steilufer am Großklützhöved. An der Gaststätte Zur Steilküste und an der LPG, an der die Vorfahrtsstraße nach rechts abzweigt, wandern wir geradeaus vorbei zum *Gutshaus Redewisch* (Gaststätte). In der davorliegenden Senke beginnt die Wegmarkierung roter Balken auf weißem Grund. Nach dem Gutshaus geht es über einen kleinen Bach, durch ein Pappelwäldchen, und am Ende der

Zu Tour 6, 8 **Windmühle bei Klütz**

folgenden Allee tauchen vor uns der Kirchturm von Klütz und die Klützer Windmühle auf.

Am Ortseingang von *Klütz*, an einer links stehenden alten Eiche, sind es knapp 150 Meter nach rechts hoch zur 1904 erbauten und 1981 restaurierten Windmühle, von der wir eine gute Rundsicht haben.

Wir setzen unsere Wanderung durch die Straße Im Kaiser zur Gaststätte Klützer Eck fort. An dieser geht es geradeaus weiter, dem Wanderwegweiser zum Schloß Bothmer folgend, an der Abzweigung der Vorfahrtsstraße nach Dassow ebenfalls geradeaus durch die Rudolf-Breitscheid-Straße zum Ortsende von Klütz und weiter durch *Arpshagen.* Nach dem Haus An der Chaussee 9 verlassen wir die Straße nach links (keine Wegmarkierung!), gehen über den Bahnübergang und durch eine Roßkastanienallee zum Wassergraben und folgen diesem zum Haupteingang des *Schlosses Bothmer.*

Vor der Besichtigung des Parks lohnt es sich, die wenigen Meter in der nach Süden ziehenden girlandenartigen Lindenallee zur Kuppe zu wandern und den Blick auf das Hauptportal ›mitzunehmen‹.

Vom Haupteingang gelangen wir durch einen schmalen Durchgang am rechten Flügel des Schlosses in den sehenswerten Park mit altem Baumbestand. Wir verlassen diesen am Parkcafé über die Brücke, die dort den Wassergraben überspannt, und kommen an den Sportplätzen vorbei zur Landstraße. Nach links erreichen wir nach etwa 400 Metern den Markt und die Kirche in *Klütz*.

Wer nicht mit dem Bus nach Boltenhagen zurückfahren will, kann auf dem Gehweg neben der Landstraße zum Ostseebad Boltenhagen zurückwandern (3 km).

9 Ostseebad Boltenhagen – Wohlenberg – Wohlenberger Wiek (und zurück)

Verkehrsmöglichkeit Busverbindung Wismar – Klütz – Boltenhagen.
Parkmöglichkeit Parkplätze im Ortsbereich des Ostseebades Boltenhagen.
Wegmarkierung Keine.
Tourenlänge 7,5 km (einfach).
Wanderzeit 1$^3/_4$ Stunden (einfach).
Höhenunterschiede Insgesamt etwa 40 Meter.
Wanderkarten Ostseeküste, westlicher Teil 1 : 100 000, Haack, Gotha. – Generalkarte 1 : 200 000, Blatt 28.
Wissenswertes *Ostseebad Boltenhagen* siehe Tour 7. – Die *Wohlenberger Wiek* ist sehr seicht. Bei Südweststurm wird das Wasser hinausgedrückt. Überflutungen bleiben bei Nordoststurm aus, da zahlreiche Sandbänke vorgelagert sind.
Tourenbeschreibung 100 Meter sind es von der Kirche im *Ostseebad Boltenhagen* über den Postplatz zum Strand. Wir wandern den Strandweg nach rechts entlang bis zum Militärgelände, vor diesem nach rechts zur Straße und auf dieser nach links nach *Tarnewitz*.

Durch die Dorfstraße erreichen wir den südlichen Ortsbereich, wo sich an einer Eiche die Straße gabelt. Hier wandern wir nach links bergan zum Ortsende und weiter geradeaus über die Kuppe zum ersten nach links abzweigenden Feldweg. Diesem folgen wir über die Felder zur Landstraße Klütz – Wohlenberg. Schön ist der Blick über die Wohlenberger Wiek zum Wieschendorfer Ort und zur Insel Poel. Auf der Landstraße ist es dann ein Kilometer nach links nach *Wohlenberg* und weitere 300 Meter leicht bergab zum Strand an der *Wohlenberger Wiek*. Sie ist ein Paradebeispiel für die stillen Buchten an der Ostsee. Besonders in den frühen Morgen- und späten Abendstunden ist die Stimmung sehr eindrucksvoll.

Zurück wandern wir auf dem gleichen Weg oder fahren mit dem Bus über Klütz zum *Ostseebad Boltenhagen*.

10 Niendorf - Großsteingräber im Everstorfer Forst - Niendorf

Verkehrsmöglichkeit Buslinie Wismar - Klütz - Ostseebad Boltenhagen, Haltestelle an der Abzweigung Niendorf. Von hier aus etwa ein Kilometer nach Niendorf.

Parkmöglichkeit In Niendorf.

Wegmarkierung Im Gebiet treffen vier Wanderwege aufeinander. Boltenhagen - Grevesmühlen bzw. Naschendorf grüner Balken auf weißem Grund; Plüschow - Grevesmühlen roter Balken auf weißem Grund; archäologischer Rundweg grüner schräger Balken auf weißem Grund; regionaler Wanderweg gelber Balken auf weißem Grund.

Der Verlauf der Wege ist den Tafeln an der Nord- und Südgruppe der Großsteingräber zu entnehmen. Die Wegmarkierungen werden bei dieser Wanderung im Text angegeben.

Tourenlänge 18 km, mit Iserberg 22 km.

Wanderzeit 4 Stunden, mit Iserberg 5 Stunden.

Höhenunterschiede Etwa 150 m Anstieg und 150 m Abstieg.

Wanderkarten Ostseeküste, westlicher Teil 1 : 100 000, Haack, Gotha. - Generalkarte 1 : 200 000, Blatt 28.

Wissenswertes Die aus der Jungsteinzeit (3000–1800 v. Chr.) stammenden Großsteingräber im *Everstorfer Forst* sind die ältesten Boden- und zugleich Baudenkmäler Mecklenburgs. Die Nordgruppe umfaßt zehn Anlagen (Urdolmen), die Südgruppe fünf Anlagen. - An der Abzweigung nach Everstorf erinnert ein *Sühnestein* daran, daß hier am 22. Juni 1391 der Wismarer Kaufmann Lüdecke Mozellenbusch erschlagen wurde.

Anmerkung Die Wanderung kann auch vom Parkplatz an der B 105 an der Abzweigung nach Barendorf begonnen werden (11 km, $2^1/_2$ Stunden).

Tourenbeschreibung *Niendorf* ist der Ausgangspunkt für unsere Wanderung zu den Großsteingräbern im Everstorfer Forst. 30 Meter nach der Bushaltestelle führt nach links der Feldweg nach Wahrstorf (Wegmarkierung in Niendorf grüner Balken auf weißem Grund, keine weitere Markierung bis Hoikendorf). Nach 30 Metern überqueren wir den kleinen Bach und wandern auf dem Feldweg etwa einen Kilometer in Richtung Hohenkirchen, dann biegt der Weg im rechten Winkel nach *Wahrstorf* ab. An einem Backsteinbau geht es nach links durch den Ort zur Straße Hohenkirchen - Wahrstorf. Dieser folgen wir nach rechts zur etwa 300 Meter entfernten Kreuzung. Von hier führt nach links ein Plattensträßchen bergan, zunächst an einem See (großes Toteisloch) vorbei, an der folgenden Weggabelung nach

rechts nach *Hoikendorf.* Im Ort geht es am Dorfteich nach links (Wegweiser zu den Großsteingräbern) auf den weiten Rücken, der nur etwa 100 Meter über dem Meeresspiegel liegt und doch ein vollkommen anderes Landschaftsbild vermittelt. Das Asphaltsträßchen biegt nach rechts ab. Am folgenden Straßendreieck wandern wir geradeaus weiter und treffen auf den Everstorfer Forst, in dem etwa 300 Meter nach dem Waldeck links des Sträßchens die nördliche Großsteingräbergruppe mit dem archäologischen Lehrpfad liegt.

Wir setzen unsere Wanderung auf dem Asphaltsträßchen fort. Etwa 200 Meter nach der Abzweigung nach Everstorf (Wegweiser nach Waldeck und Naschendorf) biegt dieses leicht nach links ab (*Weiterweg s. u.).

Wer den Abstecher zum Iserberg (98 m) macht, setzt die Wanderung hier auf dem fast geradeaus wegführenden Waldweg (Wegmarkierung roter Balken auf weißem Grund rechts an einer jungen Rotbuche) fort. Der Weg führt geradeaus durch den Wald, anschließend durch die Felder nach *Hamberge.* Im Ort halten wir uns nach links und zweigen an der Gaststätte nach rechts ab. Nach etwa 400 Metern erreichen wir eine Häusergruppe. Die beste Aussicht auf Grevesmühlen, den Santower See, zum Klützer Winkel und zur Ostsee (Wohlenberger Wiek) bietet sich uns, wenn wir hier durch die alte Einfahrt nach links zum Kinderferienlager Hamberge auf dem *Iserberg* aufsteigen.

Wir wandern auf demselben Weg zurück, da der Weg zum Sträßchen Grevesmühlen - Hoikendorf und auf diesem weiter über Asphalt führt.

*Der Weiterweg nach Waldeck bedarf der Aufmerksamkeit. Etwa 400 Meter nachdem das Sträßchen leicht nach links abbiegt (s. o.), führt nach links ein breiter Waldweg nach Süden (von rechts stößt ebenfalls ein Waldweg auf die Straße). Das entscheidende Markierungszeichen (grüner Balken auf weißem Grund) befindet sich auf der Rückseite einer Buche. Wir folgen dem sehr stark zerfahrenen Waldweg geradeaus nach *Waldeck.* Von dort erreichen wir nach links die stark befahrene B 105, der wir wiederum nach links 100 Meter folgen (Vorsicht!), um dann nach rechts in das Sträßchen nach Naschendorf (Wegmarkierung grüner Balken auf weißem Grund) einzubiegen. Schon nach 100 Metern nimmt uns nach links ein schöner Waldweg auf, der geradeaus zu einem alten Sportplatz leitet. An dessen Begrenzung wandern wir geradeaus weiter, dann nach links aufwärts und nach 50 Metern (etwa 50 m vor der B 105) nach rechts in einen weiteren Waldweg. Diesem folgen wir parallel der B 105, stoßen dabei auf den archäologischen Rundwanderweg, wandern auf diesem geradeaus weiter bis zu einem Wegkreuz mit Wanderwegweisern. Hier geht es nach links (Wegweiser Parkplatz 500 m, nach rechts zweigt der Wanderweg nach Plüschow ab) zum Parkplatz an der B 105, wo der archäologische Rundwanderweg durch die Südgruppe der Großsteingräber beginnt.

Vom Parkplatz an der B 105 sind es etwa zwei Kilometer auf dem Pflastersträßchen nach *Barendorf* (Wegmarkierung roter Balken auf weißem Grund). Wir gehen geradeaus durch den Ort und über Kuppen weiter zur Abzweigung zur Nordgruppe der Großsteingräber. Auf dem uns bekannten Weg wandern wir über Hoikendorf und Wahrstorf zurück nach *Niendorf.*

11 Insel Poel
Kirchdorf - Timmendorf

Verkehrsmöglichkeiten Busverbindung Wismar - Kirchdorf (- Timmendorf-Strand). Clermont-Schiffahrtslinie, Abfahrten: Wismar Alter Hafen sowie Kirchdorf und Timmendorf auf der Insel Poel.
Parkmöglichkeiten In Kirchdorf bei der Kirche.
Wegmarkierung Keine.
Tourenlänge 10,5 km.
Wanderzeit $2^1/_2$ Stunden.
Höhenunterschiede Insgesamt etwa 60 Meter.
Wanderkarten Ostseeküste, westlicher Teil, 1 : 100 000, Haack, Gotha. - Generalkarte 1 : 200 000, Blatt 28.
Wissenswertes Die Bewohner der *Insel Poel* leben heute vorwiegend von der Landwirtschaft, der Fischerei und dem Tou-

rismus. Das Heimatmuseum im Möwenweg 4 in Kirchdorf gibt einen Einblick in die traditionelle Lebensweise auf der Insel. Das 1247 urkundlich genannte Fährdorf ist der älteste Ort auf der Insel Poel, die 1648 nach dem Westfälischen Frieden schwedisch wurde und erst seit 1903 wieder endgültig zu Deutschland gehört. Am Schwarzen Busch erinnert eine Gedenkstätte an die Opfer des Nationalsozialismus.

Anmerkung Der Streckenteil vom Schwarzen Busch zum Pappelwäldchen vor Timmendorf-Strand muß noch als provisorisch bezeichnet werden. Wir hoffen sehr, daß dieser Teil erschlossen wird, da es sich bei dieser Wanderroute fast um die einzige Möglichkeit handelt, die über größere Strecken abseits der Autostraßen verläuft.

Tourenbeschreibung Wir beginnen unsere Wanderung am Hafen in *Kirchdorf*, der unterhalb der Kirche idyllisch am Kirchsee liegt. Zunächst folgen wir der Wismarschen Straße in Richtung Ortsmitte zum Markt. Hier geht es nach links, jedoch rechts an Uschi's Boutique vorbei weiter durch die Wismarsche Straße, bis wir auf die Vorfahrtsstraße (Strandstraße) treffen. Wir wandern nach links in den Ortsteil *Oertzenhof* und weiter zum *Schwarzen Busch*, wo wir bergab die Strandgaststätten und den Strand erreichen.

Vor den Strandgaststätten (von Kirchdorf her gesehen) führt ein Sträßchen nach links durch die Feriensiedlung, vorbei an der in einem umgebauten Schiff untergebrachten Gaststätte Dwarslöper bis vor den Strand. Wir wandern nach links am Strand entlang, queren nach etwa 150 Metern auf einem schmalen Pfad ein Röhricht und folgen danach der Stranddüne zu einem Wäldchen. Hier gehen wir 20 Meter nach links, dann wieder nach rechts durch den Küstenwaldsaum bis vor das ehemalige Militärgelände. Von hier besteht die Möglichkeit, auf dem Feldweg an Neuhof vorbei nach Kirchdorf zurückzugehen (7,5 km, 1¾ Stunden).

Unser Weiterweg führt uns einige Meter ohne Weg am landseitigen Zaun des Militärgeländes entlang, bevor er am Zaunende wieder auf einen Pfad trifft, dem wir bis vor das Ufer folgen. Nun führt der Weg durch das Küstengebüsch und geradeaus durch einen Pappelwald zu einer Ferienanlage, die wir durchqueren. An der Lotsenstation *Timmendorf* vorbei kommen wir zum Leuchtturm und den Schiffsanlegestellen. Von hier haben wir einen schönen Blick über die Wismar Bucht zum Großklützhöved.

Von Timmendorf-Strand nach Timmendorf bietet sich zum Weiterwandern leider nur die Asphaltstraße an. Am Dorfteich in

Zu Tour 11 **Leuchtturm in Timmendorf-Strand, Insel Poel**

Timmendorf zweigt nach links ein Feldweg ab, dem wir an einer Pappelreihe entlang zu einem Wegkreuz folgen. An diesem wandern wir geradeaus weiter, links am Teich vorbei auf den Kirchturm von Kirchdorf zu. Auf der Landstraße sind es dann noch knapp 400 Meter nach links zurück zur Kirche und zum Hafen von *Kirchdorf.*

12 Teßmannsdorfer Wald und Salzhaff

Verkehrsmöglichkeit Teßmannsdorf ist mit dem Auto vom Ostseebad Rerik in Richtung Neubukow zu erreichen. Etwa einen Kilometer nach Roggow führt ein schmales Sträßchen nach rechts nach Teßmannsdorf.
Parkmöglichkeit In Teßmannsdorf.
Wegmarkierung Ausgangspunkt bis zum Gehöft im Waldgebiet blauer Balken auf weißem Grund (wenige Zeichen).
Tourenlänge 4 km.
Wanderzeit 1 Stunde.
Höhenunterschiede Keine nennenswerten.
Tourenbeschreibung Ziel unserer Wanderung ist eines der ganz wenigen naturnahen Waldgebiete am Salzhaff. Wir beginnen unsere Wanderung in *Teßmannsdorf* an der Stelle, an der die Straße nach Rakow nach links abbiegt. Hier zweigt (von Rerik aus gesehen) das Dorfsträßchen nach rechts ab. Auf ihm gelangen wir zum Waldrand. An einer reetgedeckten Scheune geht es geradeaus in den Wald zu einem Gehöft (etwa 200 m), zwischen den Häusern hindurch und danach halbrechts wieder in den Wald. Geradeaus kommen wir zu einem Wegdreieck, auf dem eine einzelne Eiche steht und wandern dann vor der Kiefernschonung halbrechts weiter. Vor uns liegt nun das Salzhaff mit der Halbinsel Wustrow und im Hintergrund ist die Kirche von Rerik zu erkennen. Der Weg beschreibt einen Bogen nach links. Wir wandern am Birkenwäldchen rechts vorbei zum Ufer des *Salzhaffs*, an diesem nach links bis auf die Höhe des trigonometrischen Vermessungspunktes.

Hier bleiben wir am Ufer und wandern auf dem Deich zwischen zwei Wassergräben zu den beiden Brücken. Über die linke gehen wir auf das Waldeck zu und rechts am Waldrand entlang zur reetgedeckten Scheune. Von dort sind es nach rechts etwa 500 Meter durch den kleinen Ort zurück zum Ausgangspunkt.

Zu Tour 12 **Im Teßmannsdorfer Wald am Salzhaff**

13 Ostseebad Boltenhagen - Wohlenberg - Wismar - Alt Bukow - Ostseebad Rerik

Verkehrsmöglichkeiten Busverbindungen Wismar - Klütz - Boltenhagen, Rerik - Kröpelin; Bahnverbindungen Grevesmühlen - Klütz, Lübeck - Grevesmühlen - Bad Kleinen, Schwerin - Bad Kleinen - Wismar - Kröpelin - Rostock.

Parkmöglichkeiten Im Ostseebad Boltenhagen mehrere große Parkplätze, im Ostseebad Rerik großer Parkplatz am Ortsausgang in Richtung Kröpelin.

Wegmarkierung Ostseebad Boltenhagen - Wismar ohne Wegmarkierung. Wismar bis vor Alt Bukow blauer Balken auf weißem Grund. Die Markierung endet bei Lischow an der Kreisgrenze Wismar/Doberan. Am Ortseingang von Pepelow Hinweisschild auf den Weg. Zwischen Teßmannsdorf und dem Ostseebad Rerik gibt es vereinzelte kleine Markierungszeichen mit blauem Balken auf weißem Grund. Teilstück des Fernwanderweges Zittau - Kap Arkona bzw. Seebad Ahlbeck.

Tourenlänge 61 km.
Wanderzeit 13 1/2 Stunden (2 Tage).
Höhenunterschiede Insgesamt etwa 350 Meter.
Bademöglichkeiten Ostseebad Boltenhagen, Wohlenberger Wiek, Ostseebad Rerik.
Wanderkarten Ostseeküste, westlicher Teil 1 : 100 000, Haack, Gotha. - Generalkarte 1 : 200 000, Blatt 28.
Wissenswertes *Boltenhagen* siehe Tour 7. - *Wohlenberger Wiek* siehe Tour 9. - *Wismar* wurde erstmals 1229 als Stadt erwähnt. 1259 schloß sie sich mit Lübeck und Rostock zu einem Pakt gegen Seeräuber zusammen, aus dem später die Hanse entstand. Ab 1648 gehörte die Stadt zu Schweden, wurde 1803 an das Land Mecklenburg verpfändet und ging 1903 schließlich wieder ganz in deutschen Besitz über. Von der mittelalterlichen Stadtbefestigung sind noch das spätgotische Wassertor (Ende 15. Jh.) am alten Hafen und Reste der Stadtmauer erhalten. Sehenswert sind insbesondere die Nicolaikirche (14./15. Jh.) mit ihrem 37 Meter hohen Mittelschiff, spätgotischen Flügelaltaren und anderen Kunstwerken aus dem 15. und 16. Jahrhundert. Das 1817 bis 1819 geschaffene klassizistische Rathaus, die historische Seemannsgaststätte Alter Schwede (1380) sowie eine alte Brunnenanlage (Wasserkunst), die die Stadt bis 1897 mit Wasser versorgte, stehen am Marktplatz. Nicht unerwähnt bleiben dürfen der Renaissancebau des Fürstenhofes aus der Zeit um 1554, in dem ab 1653 das Tribunal als oberstes Gericht für alle schwedischen Besitzungen auf deutschem Gebiet tagte, sowie das Archidiakonat (Pastorenhaus, Anfang 15. Jh.) und sehenswerte Bürgerhäuser aus dem 17. und 18. Jahrhundert. - Unweit des Salzhaffs steht die frühgotische Kirche des *Ostseebades Rerik*, das an der schmalen Landbrücke zur Halbinsel Wustrow liegt. Diese trennt das Salzhaff von der offenen Ostsee. Das Heimatmuseum des Ortes informiert über die mecklenburgische Geschichte.
Tourenbeschreibung Unsere Wanderung um die Wismar Bucht zum Ostseebad Rerik beginnen wir an der Kirche im *Ostseebad Boltenhagen*. Über den Postplatz gehen wir zum etwa 100 Meter entfernten Strand und folgen dem Strandweg nach rechts zum abgesperrten Militärgelände. Hier wandern wir nach rechts zur Straße und auf dieser nach links nach *Tarnewitz*. Vor Tarnewitz überqueren wir den Tarnewitzer Bach, folgen dann der Dorfstraße in den südlichen Ortsteil, in dem sich an einer Eiche die Straße gabelt. Links bergan kommen wir zum Ortsende und geradeaus weiter über die Kuppe zum ersten nach links abzweigenden Feldweg. Mit sehr schönem Blick über die Wohlenberger

Ostseebad
Boltenhagen
Lieps
Wismarbucht
Timmendorf
Insel Poel
Kirchdorf
Malchow
Blowatz
Damekow
35
Niendorf
Wangern
Weitendorf
Kirchsee
Breitling
22
Wodorf
Fährdorf
Neu
Wodorf
Heidekaten
Brandenhusen
Rustwerder
Groß
Strömkendorf
Alt Farpen
Neu
Farpen
KLÜTZ
Tarnewitz
CHRISTINENFELD
20
OBERHOF
WOHLENBERG
Wohlenberger
Wiek
Wohlenhgn.
Großenhof
Bössow
51
Thorstorf
Wahrstorf
Niendorf
8
Hohen
Wieschendorf
Eggers
Wiek
Beckerwitz
Landstorf
31
Gramkow
Proseken
11
Fliemstorf
Zierow
Hohenkirchen
HOBEN-
WENDORF
REDENTIN-
DORF
EISERNE
HAND
Hof
Redentin
Krusenhage
Gagzow
MÜGGEN-
BURG
Rohlstorf
Hornstorf
Groß Walmstorf
Warnow
HOIKENDORF
101
Manderow
Weitendorf
Stofferstorf
Alt
Jassewitz
Gägelow
WISMAR
105
Fürstenhof
Nikolaikirche
DARGETZOW
Rüggow
Kritzow
SANTOW

Wiek wandern wir über die Felder zur Landstraße Klütz – Wismar und auf dieser nach links zum etwa einen Kilometer entfernten *Wohlenberg*. Es geht entlang der Landstraße an der Wohlenberger Wiek zum *Campingplatz Wohlenberger Wiek*.

Der Weg führt ein kurzes Stück durch diesen Campingplatz, bevor er nach etwa 200 Metern nach rechts abzweigt (Hinweisschild Jugendherberge) und dann geradeaus zur Jugendherberge führt. Am Wegdreieck 100 Meter nach der Jugendherberge wandern wir ebenfalls geradeaus weiter. Wir stoßen auf einen Querweg, auf dem es nach rechts zur Asphaltstraße geht und dort wiederum nach rechts zur etwa 400 Meter entfernten Ortsmitte von *Beckerwitz* (Gaststätte Bauernstube).

Zwischen der Gaststätte Bauernstube und der Kinderkrippe folgen wir nach links dem Feldweg aus dem Ort bis in eine Senke. In dieser, zwischen zwei Häusern*, zweigt scharf nach links ein Feldweg ab, der nach Landstorf/Eggerstorf führt. An den ersten Häusern von *Landstorf* geht es dann nach rechts, am folgenden Wegdreieck nach links, durch ein Wäldchen und auf dem Landsträßchen nach *Zierow*.

*Von hier besteht die Möglichkeit, geradeaus auf dem Feldweg nach Proseken weiterzugehen. Auf der Landstraße sind es dann etwa 200 Meter nach links zur Bushaltestelle (Busse nach Wismar).

In Zierow wandern wir zunächst geradeaus, dann, an der Stelle, an der die Vorfahrtsstraße abbiegt, weiter geradeaus nach *Fliemstorf*. Am Ortsende gabelt sich der Weg. Wir folgen zunächst dem Weg Richtung Strand am Transformatorenhäuschen vorbei, 50 Meter dahinter dann halbrechts dem Feldweg an einer Telefonleitung entlang nach *Hoben* mit Blick auf die Inseln Poel und Walfisch. Schön ist der Weg hinab zum asphaltierten Strandweg durch den Ort, der fast ausschließlich aus gut erhaltenen reetgedeckten niederdeutschen Häusern besteht. Auf dem Strandweg sind es dann etwa 1½ Kilometer am Strand entlang und durch ein Wäldchen zum ehemaligen *Seebad Wendorf*.

Von der Badestelle wandern wir etwa 100 Meter durch den Park bergan, dann nach rechts an der Gaststätte Seeblick vorbei zur Bushaltestelle am Ende der Rudolf-Breitscheid-Straße, durch diese weiter zum Markt und nach links durch den anschließenden Park zur B 105.

Wir folgen der B 105 nach links durch *Wismar* in Richtung Rostock oder gehen durch das Zentrum und zurück zur B 105 und an dieser entlang in Richtung Rostock bis zur Gaststätte Am Weißen Stein. Hier zweigen wir nach links ab (Wegmarkierung an einem Bergahorn), überqueren die Bahngleise und folgen

RERIK OST
RERIK WEST
OSTSEEBAD RERIK
Wustrow
WUSTROW
Salzhaff
BLENGOW
GARVSMÜHLEN
Wendelstorf
Hohen Niendorf
Wischuer
Zweedorf
Roggow
Biendorf
Gersdorf
HANSHA
Körchow
Sandh
Russow
Tessmannsdorf
Jörnstorf
44
30
10
STEINBRINK
SPRIEHUSEN
Pepelow
Rakow
Lehnenhof
Hellbach
NEUBUKOW
BUSCHMÜHLEN
Uhlenbro
54
Schar-B.
Questin
Krempin
Neu Karin
Stove
Bantow
PANZOW
Niendorf
Teschow
Neu Teschow
Ravensberg
Zarfzow
35
Alt Bukow
Friedrichsdorf
Clausdorf
Moitin
Kamin
Vogelsang
Nantrow
Robertsdorf
Lischow
Neu Nantrow
Garvensdorf
Klein Mulsow
Kirch Mulsow
90
Galgen-B.
Hagebök
Ilow
Madsow
Tillyberg
101
110
Pass-B.
Neuburg
Steinhagen
Neu Farpen
Neuburg-Steinhausen
Zarnekow
Wakendorf
99
Tüze
Steinhsn.
Tatow
Kartlow
Bäbelin
Teplitz
E22
Neuendorf
Poischendorf
53
Gamehl
Züsow
Kalsow
Alt Tollow
Tollow
Pinnow-hof
Benz
105
Goldebee
NEUHOF
Warkstorf
Rüggow
Kritzow
Schmakentin
SELLIN
NEVERN
Babst

dem Asphaltsträßchen bis dieses vor einem Gehöft nach rechts abzweigt. Wir wandern auf dem Natursträßchen ohne abzuzweigen geradeaus weiter nach *Rohlstorf* und im Ort an der Kreuzung nach links in Richtung Gagzow (Pflasterstraße, Wegmarkierung). Im Wald zweigt der Wanderweg nach rechts ab, trifft aber bald wieder auf die Landstraße nach Gagzow, der wir nach rechts bis *Gagzow* folgen. Im Ort verlassen wir die Straße in einer Rechts-Links-Kurve bei drei Pappeln nach rechts und kommen auf einem Feldweg nach einer Linkskurve an Weiden und an Backsteinhäusern vorbei über die Felder an den Ortsrand von *Krusenhagen.* Hier wandern wir auf der Asphaltstraße geradeaus in Richtung Farpen weiter, bis nach etwa 500 Metern unmittelbar nach dem kleinen Bach der Wanderweg nach rechts abzweigt (der markierte Wanderweg führt durch den linksseitigen Wald, die Wegführung muß aber als nicht schlüssig bezeichnet werden).

Zunächst geht es auf dem kaum begangenen Weg links am Bach entlang. Nach etwa 700 Metern wird der Weg besser. Er führt weiter am Bach entlang und ansteigend zum Waldrand. Wir wandern nun auf dem Feldweg nach links zur Landstraße Neuburg - Kartlow (bei Neu Farpen), überqueren die Straße geradeaus und folgen dem Feldweg bis zu einer rechts liegenden Kieferninsel. Hier nehmen wir den Weg nach links in den Wald, wandern bergab und im Talgrund vor dem Tümpel nach links über eine alte Holzbrücke über den Bach nach *Neuburg.* Wir queren die Landstraße und folgen dem Lindenweg geradeaus zum Ortsausgang und wandern dann durch eine lange Lindenallee ohne abzuzweigen bis auf die Höhe von Lischow (hier endet die Wegmarkierung), wo wir auf einen Querweg treffen. 30 Meter sind es hier nach links, bis wir in Fortsetzung des alten Weges nach rechts neben und durch eine Lindenallee geradeaus auf den vierflächigen Kirchturm von *Alt Bukow* zu wandern. Rechts steht die Windmühle von Nantrow.

In Alt Bukow geht es an der Kirche nach rechts, nach 200 Metern vor dem Transformatorenhäuschen nach links in Richtung Rakow, am Ortsende (Reitplatz) nach links über die Felder und durch ein Kiefernwäldchen zur Asphaltstraße in *Bantow*, auf der wir nach links nach *Klein Strömkendorf* gelangen. Hier stoßen wir auf die Landstraße Boiensdorf - Rakow, der wir nach rechts zum Ortseingang von *Pepelow* folgen.

Am Ortseingang von Pepelow zweigt in der Rechtskurve vor einem reetgedeckten Haus der Wanderweg nach links ab. Auf dem Feldweg wandern wir zu einer Pappelreihe (Starkstromleitung), an dieser entlang und an deren Ende nach rechts nach

Teßmannsdorf. Auf dem Asphaltsträßchen sind es 50 Meter nach links, dann biegt die Straße nach rechts in Richtung Roggow und Rerik ab.

Nun geht es weiter zur Landstraße Neubukow - Rerik, auf dieser nach links nach *Roggow*, durch den Ort und weiter bis zu der Stelle, an der die Straße einen Pappelwald durchschneidet. Hier führt der Wanderweg (Wegmarkierung) nach links zum Ufer des Salzhaffs. Auf dem Deich wandern wir nach rechts zum Ostseebad Rerik und können hier noch einmal die eigene Stimmung des Salzhaffs auf uns einwirken lassen. Leicht ansteigend erreichen wir den Endpunkt unserer Wanderung, die mächtige Kirche im *Ostseebad Rerik.*

Zwischen Salzhaff und Warnow-Mündung

Von ansprechender Vielfalt ist die Landschaft zwischen dem Salzhaff bei Rerik und der Mündung der Warnow bei Warnemünde. Ihr Gepräge erhält sie einerseits durch die Küstenformen, insbesondere durch das Steilufer, das bei Rerik aus der Ostsee aufsteigt, westlich von Warnemünde an der Stoltera mit 19 Metern nochmals eine große Höhe erreicht und östlich davon in den flachen Sandstrand von Warnemünde übergeht. Unterbrochen ist dieses Steilufer durch die Niederung des Rieden, eines Süßwassersees, der nur durch eine Düne vom Meer getrennt ist, und durch den flachen Sandstrand beim Ostseebad Kühlungsborn. Beim Ostseebad Heiligendamm grenzt ein ursprünglich natürlicher Steindamm den Strand von der dahinter liegenden Conventer Niederung ab, einem Feuchtgebiet, das aus einer kaltzeitlichen Senke entstanden ist und teilweise unter dem Meeresspiegel liegt.

Das zweite Landschaftselement sind die weichselkaltzeitlich überformten Landrücken des Bastorfer Signalberges und der Kühlung - wo übrigens wie auf Rügen Oberkreide ansteht - sowie die hügel- und talreichen Waldflecken des Kellers Waldes und des Hütter Wohlds. Auf den waldfreien Geländerücken nehmen wir verstärkt die für die mecklenburgische Landschaft charakteristischen weit geschwungenen Geländeformen wahr, die durch die Tätigkeit der Gletscher entstanden sind. Besonders eindrucksvoll ist dies am Bastorfer Signalberg, am Zimmerberg und am Diedrichshäger Berg, der mit 129 Metern eine der höchsten Erhebungen an der deutschen Ostseeküste ist, oder auch am Höhenrücken bei Althof.

Ein Gegensatz dazu ist die Landschaft zwischen Bad Doberan und Lichtenhagen: der Hägerort, eine weite Ebene mit einem unendlichen Himmel darüber.

Der Küstenabschnitt zwischen Rerik und Warnemünde ist ein ideales Wandergebiet, abwechslungsreich, die Küste belebt, das Hinterland ruhig. Küste, Felder und Wälder lassen sich in Wanderungen einbinden - geschaffen für den Ausgleich zum hektischen Alltagsleben.

Im Hinterland liegt Bad Doberan, durch seine Lage durchaus geeignet, den gesamten Küstenabschnitt von einem Ort aus zu erschließen. Damit dies auf erholsame Art und Weise vor sich gehen kann, dampft auch heute noch wie seit 1886 die Kleinbahn Molli mit ihren alten Waggons von Bad Doberan zu den Ostseebädern Heiligendamm und Kühlungsborn.

Zu allen Touren auch Generalkarte 1 : 200 000, Blatt 28.

14 Ostseebad Rerik - Salzhaff - Voßberg - Blengow - Ostseebad Rerik

Verkehrsmöglichkeiten Vom Ostseebad Rerik bestehen Busverbindungen nach Neubukow, Kröpelin, Ostseebad Kühlungsborn und Bad Doberan. Neubukow, Kröpelin und Bad Doberan liegen an der Bahnlinie Schwerin - Wismar - Rostock.
Parkmöglichkeit In Rerik am Ortsausgang Richtung Kröpelin (an der Tankstelle).
Wegmarkierung An der Einmündung des Weges in die Landstraße Rerik - Neubukow blauer Balken auf weißem Grund; auf den Pappeln an der Straße nach Neubukow und im anschließenden Waldstück alte, kaum erkennbare Wegmarkierung grüner Punkt.
Tourenlänge 9,5 km. **Wanderzeit** 2 1/4 Stunden.
Höhenunterschiede Insgesamt 70 Meter.
Wanderkarten Wanderkarte 1 : 50 000 Ostseeküste (Zwischen Rostock-Warnemünde und Ostseebad Rerik), Tourist Verlag. - Ostseeküste, westlicher Teil 1 : 100 000, Haack, Gotha.
Wissenswertes *Ostseebad Rerik* Dort, wo das Salzhaff durch die schmale Landbrücke zur Halbinsel Wustrow von der offenen Ostsee getrennt ist, liegt das Ostseebad Rerik. Läuft das fruchtbare Land zum Haff hin flach aus, so vermittelt die hinter dem Sandstrand steil aufragende Ostseeküste durch ihren macchienartigen Bewuchs einen südländischen Eindruck. Nicht weit vom Salzhaff liegt die frühgotische Kirche, deren achtflächiger Turm

Zu Tour 13, 14, 23 **Idylle am Salzhaff beim Ostseebad Rerik**

von weither zu sehen ist. Im Heimatmuseum des Ortes hat man sich auf mecklenburgische Geschichte spezialisiert. Als der Ort 1938 zur Stadt erhoben wurde, erhielt Alt Gaarz, wie er früher hieß, seinen heutigen Namen. In der Umgebung des Ortes mehrere Großsteingräber aus der Jungsteinzeit.

Anmerkung Der Weg vom Pappelwäldchen bis westlich von Zweedorf ist wegen fehlender Kartengrundlage nicht genau darstellbar.

Tourenbeschreibung Von der Kirche in *Rerik* durch die Haffstraße zum Ufer des Salzhaffs. Wir folgen nach links dem befestigten Weg bis zu einer Absperrung mit Durchlaß für Fußgänger. Weiter auf einem schmalen Fußweg über den Damm und auf eine Düne mit Blick zu den Häusern des Gaarzer Hofes und zur nicht zugänglichen Halbinsel Wustrow. Auf der Dammkrone führt der Weg eingeengt weiter durch Artemisien- und Schilfbestände bis zu einem links stehenden Pappelwäldchen. Durch dieses sind es etwa 300 Meter nach links zur Landstraße Rerik - Neubukow, der wir nach rechts bis zum ersten nach links abbiegenden Weg folgen (etwa 500 m). Diesen Weg nehmen wir bis zur ersten Gabelung (100 m), an dieser nach rechts (Markierung blauer Punkt, ursprünglich wohl grün), kurz darauf nach links, dann in einem weiten Rechtsbogen auf ein gerades Stück zu, bis der befahrene Weg scharf nach links abbiegt. Wir folgen dem schmalen Waldpfad geradeaus durch ein Waldstück (etwa 100 m), vor der Kiefernjungpflanzung nach links und gelangen durch eine Kiefernschonung auf einen breiten Waldweg (wieder etwa 100 m). Auf diesem breiten Waldweg geht es nach rechts durch den Wald, dahinter über eine alte Düne, von welcher der Blick über die weite Landschaft und Zweedorf schweift. Der Weg folgt weiter dem Dünenrücken zu einem emporgehobenen Klärbecken. An diesem links vorbei.

Am folgenden Wegdreieck gehen wir nach links über das kleine Rinnsal, an dem wie auf einer Linie gezogen alte Korbweiden stehen. Auf dem Sträßchen gewinnen wir leicht ansteigend die Anhöhe, auf der die Pappelgruppe steht, die schon von weitem zu sehen war. Unter dieser befindet sich ein Großsteingrab, zu dem ein schmaler Pfad durch ein Getreidefeld vom Sträßchen aus führt. (*Voßberg*, 30 m).

Von hier wandern wir weiter zur etwa 150 Meter entfernten Straßenkreuzung, dann nach links nach *Blengow*. Vor dem Dorfteich in Blengow nach rechts, dann auf dem Asphaltsträßchen nach links und auf dem Betonplattenweg aus dem Dorf hinaus bis zur Landstraße, die nach rechts, leider ohne Gehweg, nach *Rerik* führt (etwa 700 m). Kurz nach dem Ortseingang zweigt ein breiter Weg nach links zum Uferweg ab. Auf diesem kommen wir nach rechts zurück zum Ausgangspunkt.

15 Ostseebad Rerik - Mechelsdorf - Ostseebad Rerik

Verkehrsmöglichkeiten Vom Ostseebad Rerik bestehen Busverbindungen nach Neubukow, Kröpelin, Ostseebad Kühlungsborn und Bad Doberan. Neubukow, Kröpelin und Bad Doberan liegen an der Bahnlinie Schwerin - Wismar - Rostock.
Parkmöglichkeit In Rerik am Ortsausgang Richtung Kröpelin.
Wegmarkierung Keine.
Tourenlänge 12 km. **Wanderzeit** $2^3/_4$ Stunden.
Höhenunterschiede Insgesamt etwa 180 Meter.
Wanderkarten Wanderkarte 1 : 50 000 Ostseeküste (Zwischen Rostock-Warnemünde und Ostseebad Rerik), Tourist Verlag. - Ostseeküste, westlicher Teil 1 : 100 000, Haack, Gotha.
Wissenswertes *Ostseebad Rerik* siehe Tour 14. - Etwa 900 Meter nordöstlich von *Neu Gaarz* (bei Rerik) liegt auf der höchsten Stelle der Anhöhe ein Urdolmen mit Gang. Es handelt sich dabei um die älteste Form der Großsteingräber. Die Grabanlage stammt aus der Jungsteinzeit (3500–1800 v. Chr.) und wurde ursprünglich zur Bestattung einer Person, später für Nachbestattungen benutzt.
Tourenbeschreibung Vom Parkplatz am Ortsrand von *Rerik* durch die Kröpeliner Straße und die Leuchtturmstraße zur Kirche, die mit ihrem achtflächigen Turm wie ein Wahrzeichen mitten im Ort liegt. Auf der Höhe der Kirche folgen wir einem aus Holz geschnitzten Wegweiser nach rechts in den Parkweg, auf dem wir nach etwa 100 Metern das Gasthaus Zur Steilküste erreichen. Der Weg am Steilufer nach rechts führt tunnelartig durch den dichten Bewuchs, hin und wieder unterbrochen von Ausblicken über das Steilufer und die Ostsee, zur Liebesschlucht, einer steil ins Meer abfallenden Rinne, die wir landeinwärts umgehen. Weiter geht es durch den Küsten-Waldsaum bis auf die Höhe von Neu Gaarz. Nach rechts erreichen wir auf dem Natursträßchen nach etwa 300 Metern die Landstraße Rerik - Meschendorf, hier 100 Meter nach links und vor dem Campingplatz nach rechts auf der Vorfahrtsstraße etwa 600 Meter bis zu den letzten Häusern, an denen die Vorfahrtsstraße nach rechts zur Landstraße Rerik - Kröpelin abzweigt. An dieser Stelle wenden wir uns nach links auf den Plattenweg (an der Abzweigung stehen zwei etwa 30 Jahre alte Linden mit verwaschener Wegmarkierung grünes Dreieck auf weißem Grund). Unsere Wanderung führt nun rechts an einer LPG vorbei, dann in einer Links-Rechts-Kurve und einem anschließenden geraden Wegstück durch den Waldfleck und weiter durch die Felder zur

Rudingkuppe (43 m). Hier stoßen wir auf einen Querweg, dem wir nach rechts bis *Mechelsdorf* folgen.

Etwa 150 Meter nach dem Ortseingang wenden wir uns an der Kreuzung nach links, gehen dann geradeaus weiter und kommen an einer Müllkippe vorbei zur Landstraße Rerik – Kühlungsborn. Wir nehmen den nach links ansteigenden Plattenweg (rechts am Weg steht ein Schild, das auf die Gaststätte Gutshaus Kägsdorf hinweist) bis wir auf das Asphaltsträßchen von Bastorf nach Kägsdorf treffen.

Hier ist ein kurzer Abstecher nach rechts auf die Anhöhe zu empfehlen, denn von ihr aus hat man einen umfassenden Blick über die Felder zum Leuchtturm Buk auf dem Bastorfer Signalberg sowie über die Bukspitze und die Ostee.

Von der Kreuzung (vom Abstecher kommend geradeaus) führt nach links ein breiter Feldweg leicht abfallend in Richtung Küste zum Landsträßchen Meschendorf – Rerik. Diesem folgen wir nach links. In leichtem Auf und Ab geht es nach *Rerik*, vorbei am Urdolmen, zu dem ein schmaler Pfad durch ein Getreidefeld führt. In Neu Gaarz bietet sich abseits des Asphalts wieder das Natursträßchen zum Steilufer an. Von hier aus zum Parkweg und zurück zum Ausgangspunkt.

16 Ostseebad Kühlungsborn - Bastorfer Signalberg - Wichmannsdorfer Holz - Ostseebad Kühlungsborn

Verkehrsmöglichkeit Das Ostseebad Kühlungsborn ist mit dem Ostseebad Heiligendamm und mit Bad Doberan durch die Kleinbahn Molli verbunden.

Parkmöglichkeiten Großer bewachter Parkplatz etwa 450 Meter nördlich des Bahnhofes Kühlungsborn-Ost, in der Nähe des Bahnhofes Kühlungsborn-Ost, weitere große Parkplätze im Ortsbereich.

Wegmarkierung In Kühlungsborn vom Fischersteig bis zur Straße des Friedens grüner Punkt bzw. grünes Quadrat auf weißem Grund; Straße des Friedens bis Abzweigung zum Bastorfer Signalberg grünes Dreieck auf weißem Grund; Abzweigung Signalberg bis Bastorfer Holm ohne Markierung.

Tourenlänge 16 km.

Wanderzeit 3 1/2 Stunden.

Höhenunterschiede Insgesamt etwa 180 Meter.

Wanderkarten Wanderkarte 1 : 50 000 Ostseeküste (Zwischen Rostock-Warnemünde und Ostseebad Rerik), Tourist Verlag. - Ostseeküste, westlicher Teil 1 : 100 000, Haack, Gotha.

Wissenswertes *Ostseebad Kühlungsborn* Das 1938 aus den Dörfern Fulgen, Brunshaupten und Arendsee zusammengeschlossene Kühlungsborn ist heute das größte und modernste Seebad

Zu Tour 16 **Typisches Gehöft beim Ostseebad Kühlungsborn**

an der mecklenburgischen Küste mit einer sehr schönen Promenade und einer Meeresschwimmhalle. Von der eleganten Vergangenheit des Seebades zeugen die am 2,5 Kilometer langen Sandstrand aufgereihten Hotels. – Der *Leuchtturm Buk* auf dem Bastorfer Signalberg (79 m) liegt wohl eine Gehstunde vom Meer entfernt, doch so hoch, daß seine Blitze weit über die See in die Nacht dringen.

Anmerkungen Der Weg über die Felder auf den Rücken des Bastorfer Signalbergs sollte nur im Spätsommer, Herbst und Winter benutzt werden. In den anderen Jahreszeiten muß auf die Straße ausgewichen werden. – Diese Wanderung kann auch abgekürzt werden; siehe dazu Beschreibung am Ende des Textes.

Tourenbeschreibung Vom *Bahnhof Kühlungsborn-Ost* durch die Doberaner Straße etwa 100 Meter nach Westen, geradeaus über die Strandstraße und weiter in den Fischersteig. Vor dem Park mit den angrenzenden Tennisplätzen geht es nach rechts über die Puschkinstraße in den Herrenbadsteig. Dieser führt durch ein Waldstück zur Straße des Friedens, die parallel zum Strand verläuft. Nach links der Straße des Friedens entlang bis der Wanderweg zwischen den Häusern 1 und 2 des Ferienhotels Miramare nach links in den Kühlungsborner Stadtwald abzweigt. Am Parkplatz entlang in den Wald und auf markiertem Weg durch diesen bis zur Ausfallstraße nach Bastorf. Diese überqueren wir geradeaus und wandern vor dem Bahnübergang nach rechts zum Bahnhof *Kühlungsborn-West.*

Von hier aus folgen wir der Straße nach Bastorf - ab dem Ortsausgang leider ohne Gehweg - etwa 1,5 Kilometer, bis der markierte Wanderweg nach links zu einem Gehöft abzweigt. An dieser Stelle biegen wir nach rechts in den Feldweg ein, der in eine Senke mit einem kleinen Bach führt und gegenüber zwischen Weißdorn-Gebüschen auf einen Hügel mit Trockenrasen ansteigt. Weiter durch ein Seitentälchen und links neben einem Feld auf einer Schafweide zwischen Weißdorn ansteigend erreichen wir eine Anhöhe vor einem weiteren Seitentälchen. Hier gehen wir nach rechts entlang einer Feldgrenze in Richtung Leuchtturm. Am Ende der Feldgrenze überqueren wir den Acker (etwa 100 m), dann geht es auf dem Feldweg nach links und nach weiteren 150 Metern nach rechts zum *Leuchtturm Buk* (79 m). Dieses Teilstück ist landschaftlich sehr schön, führt es uns doch über den Kreiderücken des Signalbergs. Es sollte jedoch nur im Spätsommer, Herbst und Winter, also nach der Ernte, begangen werden. Am Leuchtturm belohnt uns ein weiter Blick über Kühlungsborn und die Bukspitze für den Aufstieg.

In den anderen Jahreszeiten benutzen wir die Landstraße weiter bis *Bastorf*, gehen durch die Ortschaft in Richtung Rerik bis zum Garten-Restaurant Zum Leuchtturm. Vor diesem nach rechts durch die LPG und an der Abzweigung nach links zum *Leuchtturm Buk.*

Vom Leuchtturm führt der Weg durch die LPG nach *Bastorf* zum Gasthof Zum Leuchtturm. Dort nach links durch den Ort bis die Straße in einer Linkskurve ansteigt (links befindet sich ein sehenswertes Gehöft mit zwei Scheunen und einem quergestellten Wohnhaus). Hier zweigen wir nach rechts in den Hohen Niendorfer Weg ab. Nach 200 Metern folgen wir an einem rechts liegenden Teich dem Weg nach links. An den letzten Häusern geht es geradeaus über die Kreuzung und weiter durch die Felder auf einem Betonplattenweg Richtung *Bastorfer Holm.* Wir wandern direkt auf ein teilweise reetgedecktes altes Haus zu. Hier biegt der Betonplattenweg nach rechts ab, während wir den Waldweg links am Reetdachhaus vorbei einschlagen. Wir folgen dem Waldweg an der ersten Gabelung nach links, an der zweiten wiederum nach links zum Waldrand. Hier führt der Weg nach rechts und im Waldrandbereich zunächst auf der Höhe, dann ebenfalls im Waldrandbereich abwärts bis zu einem kleinen Bach, der von rechts herunterfließt. – An dieser Stelle treffen wir auf den Wanderweg mit dem grünen Dreieck, dem wir jetzt nach rechts folgen. Nach 10 Metern an der ersten Weggabelung links ansteigen, nach weiteren 50 Metern wiederum nach links abzweigen. Weiter geht es im welligen Gelände zu einem Buchenhochwald. In diesem zweigt der Weg rechtwinklig nach links zum Waldsaum ab (weißen Pfeil beachten!). An diesem geschwungen entlang bis zum Sträßchen nach Wichmannsdorf.

Auf diesem geht es nach links bergab, teilweise mit schöner Aussicht, bis zur Einmündung des Wichmannsdorfer Weges in die Landstraße Kröpelin – Kühlungsborn in *Kühlungsborn.* Wir biegen nach links in die Straße ein, wandern an der alten Kirche, die rechts im Friedhof liegt und an reetgedeckten Häusern vorbei zum Bahnübergang am Haltepunkt Kühlungsborn-Mitte und weiter entlang der Bahnstrecke zum Bahnhof *Kühlungsborn-Ost.*

Wer diese Wanderung abkürzen will, zweigt auf der Straße nach Bastorf entsprechend der Wegmarkierung nach links zu einem Gehöft ab, durchquert dieses, geht weiter zum nächsten Gehöft, durch dieses wiederum hindurch bis zum Natursträßchen Bastorf – Kühlungsborn. In dieses biegen wir nach links ein, um nach dem zweiten Haus nach rechts abzuzweigen. In 50 Meter Entfernung steht links ein Transformatorenhäuschen. An diesem wandern wir rechts vorbei in den Wald und am Bach entlang (etwa 50 m) zur ersten Weggabelung, dann nach links weiter wie beschrieben. Tourenlänge 12 Kilometer, Wanderzeit 2 3/4 Stunden.

17 Ostseebad Kühlungsborn – Wichmannsdorf – Kühlung – Bollhagen – Ostseebad Kühlungsborn

Verkehrsmöglichkeit Das Ostseebad Kühlungsborn ist mit dem Ostseebad Heiligendamm und mit Bad Doberan durch die Kleinbahn Molli verbunden.

Parkmöglichkeiten Großer bewachter Parkplatz etwa 450 Meter nördl. des Bahnhofes Kühlungsborn-Ost, in der Nähe des Bahnhofs Kühlungsborn-Ost, weitere große Parkplätze im Ortsbereich.

Wegmarkierung Vom Haltepunkt Kühlungsborn-Mitte bis Diedrichshagen grünes Quadrat auf weißem Grund. Von Diedrichshagen bis zur Rechtskurve nach dem Diedrichshagener Berg kaum markiert. An der Rechtskurve trifft von unten links der Wanderweg mit der Markierung grüner Punkt auf weißem Grund auf diesen Weg. Diese Markierung bis Klein Bollhagen, dann keine weitere Markierung.
Tourenlänge 18 km.
Wanderzeit 4 Stunden.
Höhenunterschiede Jeweils etwa 140 Meter An- und Abstieg.
Wanderkarten Wanderkarte 1 : 50 000 Ostseeküste (Zwischen Rostock-Warnemünde und Ostseebad Rerik), Tourist Verlag. – Ostseeküste, westlicher Teil 1 : 100 000, Haack, Gotha.
Wissenswertes *Ostseebad Kühlungsborn* siehe Tour 16. – Mit 129 Metern ist der *Diedrichshagener Berg* die höchste Erhebung in diesem Bereich der Ostseeküste. Von hier gute Aussicht über das Salzhaff und die mecklenburgische Feldlandschaft.
Tourenbeschreibung Vom *Bahnhof Kühlungsborn-Ost* sind es etwa 100 Meter durch die Doberaner Straße nach Westen zur Strandstraße, der wir nach links in Richtung Kröpelin folgen. Wir kommen vorbei am Haltepunkt Kühlungsborn-Mitte, überqueren dort die Gleise der Kleinbahn, und folgen geradeaus der Straße nach Kröpelin, vorbei an der alten Dorfkirche, die links in einem Friedhof liegt und an reetgedeckten Häusern bis der Wichmannsdorfer Weg nach links abzweigt. Leicht ansteigend wandern wir über die unteren Hanglagen der Kühlung, vorbei an einem links stehenden Schiffahrtszeichen, zum *Wichmannsdorfer Holz.* Auf diesem Wegstück sollten wir anhalten und zurückschauen, denn von hier bietet sich ein weiter Blick auf Kühlungsborn mit dem Stadtwald und den umgebenden Feldern, im Westen auf den Leuchtturm Buk auf dem Bastorfer Signalberg und im Nordosten auf die vor Warnemünde liegenden Schiffe.

Nach dem Wichmannsdorfer Holz steigt der Weg für die Ostseeküste bemerkenswert steil an, wobei wir im oberen Teil des Anstiegs nochmals den Ausblick auf Kühlungsborn und die Ostsee genießen können. Auf der Höhe liegt dann vor uns der Zimmerberg mit 111 Metern. Hier sind wir inmitten der für Mecklenburg typischen weichselkaltzeitlich überformten Landschaft, deren Charakter durch die riesigen Felder noch verstärkt wird. Es geht geradeaus weiter an alten Ulmen vorbei nach *Wichmannsdorf.*

In Wichmannsdorf geradeaus bis zum Dorfteich, vor diesem nach links in die Lindenstraße. Kurz nach dem Teich halbrechts in die Gartenstraße, die ansteigend mit Blick auf das links in

einem Park liegende frühere Schloß durch einen kleinen Wald führt. Hinter dem Wäldchen geht es geradeaus durch die Felder nach *Diedrichshagen.*

Wer lieber durch den Park des ehemaligen Schlosses wandern will, folgt am Ortseingang von Wichmannsdorf dem neu markierten Weg durch die Schloßstraße nach links in die Anlage, vorbei am Schloß, weiter durch den Park, den man dann durch den »Hintereingang« verläßt, um auf den Weg nach Diedrichshagen zu kommen.

Kurz vor *Diedrichshagen* liegt rechts ein Dorfteich. Hier leicht nach links und weiter auf dem Weg durch die LPG. Nach einer Linkskurve durchqueren wir den kleinen Ort geradeaus auf der Hauptstraße (beachtenswert ist links das »verträumte« Rathaus). Weiter geht es geradeaus auf dem Plattenweg zum *Diedrichshagener Berg* (129 m), von dem wir vor allem in den Abendstunden eine ausgezeichnete Sicht über die Feldlandschaft in Richtung

Kröpelin und Neubukow sowie nach Südwesten zum Salzhaff und zur Insel Poel haben.

Wir lassen die Nachrichtenübermittlungsstelle links liegen. Der Weg führt abwärts, nach der Senke steigen wir wieder leicht an bis zu einem Wegstern auf der Höhe, an dem der Hauptweg scharf nach rechts abbiegt.

Wer eine Rast im Gasthaus Zur Kühlung einlegen möchte, folgt nicht dem Hauptweg nach rechts, sondern geht geradeaus auf einem schmalen Waldweg (Markierung grüner Punkt auf weißem Grund) weiter (hier nicht nach links auf den stärker begangenen Weg einbiegen!), der nach einem steilen Abstieg durch einen Fichtenwald in eine Senke und aus dieser leicht ansteigend heraus durch einen Buchen-Hochwald zur Landstraße Kühlungsborn - Kröpelin führt. Hier liegt 250 Meter nach links das Gasthaus Zur Kühlung, von dem auch die Möglichkeit besteht, auf der Landstraße nach Kühlungsborn zurückzuwandern (gesamt $3^1/_4$ Stunden).

Wir folgen der Landstraße etwa 400 Meter nach rechts Richtung Kröpelin und nehmen das erste Sträßchen nach links (ab hier Markierung grüner Punkt und grüner Balken jeweils auf weißem Grund).

Diese Stelle können wir auch erreichen, indem wir auf dem am Wegstern scharf nach rechts abbiegenden Hauptweg weitergehen, der sofort steil in ein Tälchen abfällt. Aus diesem gelangen wir ansteigend heraus zur Abzweigung.

Auf der rechten Talseite geht es abwärts, nach dem Wald leicht ansteigend und wieder abwärts geradeaus durch *Wittenbeck* bis zur Landstraße Kühlungsborn - Heiligendamm, die wir queren. Links an der Kreuzung liegt die Gaststätte Nasse Ecke. Unser Weg führt geradeaus weiter zum 300 Meter entfernten *Klein Bollhagen.* In diesem kleinen Ort nach links aufwärts zur Anhöhe mit guter Sicht auf die Ostsee. Von der Anhöhe wandern wir geradeaus abwärts zum Haltepunkt *Heiligendamm-Steilküste*, von dem wir nach Kühlungsborn zurückfahren können.

Diejenigen, die nach Kühlungsborn weiterwandern, gehen vor bis zur Küste, hier nach links über den Geh- und Radweg am Strand entlang bis zu den ersten Hotels in *Kühlungsborn.* An diesen nach links und durch die Strandstraße und Doberaner Straße zurück zum *Bahnhof Kühlungsborn-Ost.*

18 Ostseebad Heiligendamm - Bollhagener Bruch - Bad Doberan - Großer Wohld - Ostseebad Heiligendamm

Verkehrsmöglichkeiten Das Ostseebad Heiligendamm liegt an der Kleinbahnlinie Bad Doberan - Ostseebad Heiligendamm - Ostseebad Kühlungsborn (Molli). (Bad Doberan an der Bahnlinie Rostock - Wismar - Schwerin.)
Parkmöglichkeiten Im Ostseebad Heiligendamm am Heiligen Damm (Straße nach Börgerende) oder am Bahnübergang und am Ortsausgang Richtung Bad Doberan. (In Bad Doberan am Münster oder am Bahnübergang der Kleinbahn über die B 105.)
Wegmarkierung Vom Ostseebad Heiligendamm zum Kellers Wald grünes Dreieck auf weißem Grund; durch den Kellers Wald grüner Balken auf weißem Grund; vom Ortsausgang Bad Doberan bis zum Ortsanfang Heiligendamm grünes Dreieck auf weißem Grund.
Tourenlänge 16 km. **Wanderzeit** 3 1/2 Stunden.
Höhenunterschiede Durch das bewegte Relief des Bollhagener Fließes und im Kellers Wald insgesamt 80 Meter.
Wanderkarten Wanderkarte 1 : 50 000 Ostseeküste (Zwischen Rostock-Warnemünde und Ostseebad Rerik), Tourist Verlag. - Ostseeküste, westlicher Teil 1 : 100 000, Haack, Gotha.
Wissenswertes *Ostseebad Heiligendamm* 1792 erregte ein Artikel von Lichtenberg über den vortrefflichen Nutzen des Seebades großes Aufsehen. Der Rostocker Arzt Prof. Dr. Samuel Vogel begeisterte seinen Landesherrn Friedrich Franz I. für diese Idee und erhielt den Auftrag, den Plan für ein Seebad einzureichen. Schon 1793 stand das Badehaus. Auf einer Rasenfläche links vor dem Kurhaus erinnert ein Gedenkstein mit den Worten »Friedrich Franz I. gruendete hier Deutschland's erstes Seebad 1793/1843« an die Gründung des Seebades. Der Gedenkstein, ein 5000 Zentner schwerer Findling, stammt aus der Elmenhorster Feldmark. Er wurde mit zwei Erdwinden auf Holzschienen mit aus Metall gegossenen Rinnen und Kugeln nach Heiligendamm gebracht. Da dieses Unternehmen jedoch etwa 120 Tage dauerte, kam der Riese zu spät zu seiner eigenen Einweihung und mußte sich bei den Feierlichkeiten von einem kleineren Felsbrocken vertreten lassen.

Aus diesen Anfängen entwickelte sich das heutige Ostseebad Heiligendamm. Die weißen Bauten, die dem Ort auch den Namen »Weiße Stadt am Meer« gaben, wurden von Carl Theodor Severin in einer einheitlichen klassizistischen Linie ausge-

Zu Tour 18, 23 **Das Ostseebad Heiligendamm, die »weiße Stadt am Meer«**

führt. Mit den Worten »Heic te laetitia invitat post balnea sanum« (Die Freude lädt dich hier ein nach dem Gesundheit bringenden Bade) lädt das Kurhaus noch heute zur Rast unter den weißen Säulen ein.

Seinen Namen verdankt der Ort einer Sage. Während einer verheerenden Sturmflut drohte das fünf Kilometer entfernte Kloster Doberan zerstört zu werden. Doch mitten in der Nacht bildete sich ein Steindamm, der das Kloster rettete: der Heilige Damm.

Dieser ursprünglich natürliche Damm wurde im Laufe der Zeit verstärkt. Er trennt die Niederung um den Conventer See vom Meer. In diesem Naturschutzgebiet nisten einheimische Vogelarten und im Frühjahr und Herbst kehren nordische Zugvögel auf ihrer Reise hier ein – *Bad Doberan* siehe Tour 19.

Tourenbeschreibung Vom Parkplatz an der Straße nach Börgerende in *Heiligendamm* erreichen wir nach wenigen Metern den Heiligen Damm und genießen als erstes den Blick auf die »Weiße Stadt am Meer«, bevor wir auf der Strandpromenade am Gedenkstein für den Gründer des Seebades vorbei zum *Kurhaus* schlendern. Links an diesem vorbei treffen wir auf die Straße nach Kühlungsborn, der wir nach rechts über den Bahnübergang folgen. Die Wegmarkierung (grünes Dreieck auf weißem Grund) an einem Baum auf der linken Straßenseite ist etwas mißverständlich. Es geht geradeaus weiter zum Ortsausgang, von dort, leider ohne Gehweg, auf der Landstraße zum einen Kilometer entfernten *Bollhagener Bruch*, vor dem die Straße in einer scharfen Kurve nach rechts weiterführt. Wir gehen zunächst auf der alten Straßentrasse (etwa 100 m) geradeaus zum Waldeck, dann nach links am Waldrand entlang und weiter auf einem Feldweg, der uns für die Straße entschädigt, nach *Vorder Bollhagen*.

In diesem nur aus wenigen Häusern bestehenden Ort kreuzen wir die Straße Großer Wohld – Steffenshagen. Der nun folgende Feldweg mit Pappelreihe und schönem Blick über das Bollhagener Fließ führt auf dem Rücken entlang, der die Conventer Niederung vom Bollhagener Fließ trennt, dann quer durch das Fließ zum Waldeck des *Kellers Waldes*. Von hier wandern wir zunächst etwa 400 Meter am Wald entlang weiter, danach geradeaus durch den Wald über einen eiszeitlichen Rücken bis sich links der Blick wieder öffnet.

An dieser Stelle treffen wir auf den von links kommenden Wanderweg (grüner Balken auf weißem Grund) vom Großen Wohld, dem wir in den Wald nach rechts folgen. Der Weg führt gut markiert durch das bewegte kaltzeitliche Relief mit ausgedehnten Buchenhochwaldbeständen bis vor die Jugendherberge von *Bad Doberan*. Der markierte Wanderweg zweigt etwa 100 Meter vor der Jugendherberge nach rechts zu der 100 Meter entfernten B 105 ab. Wir jedoch gehen vor zur Jugendherberge, genießen den herrlichen Blick über die Stadt und das Münster und steigen links der Jugendherberge über die Treppen zum Maxim-Gorki-Platz, einer parkähnlichen Anlage, hinab. Diesen überqueren wir, erreichen danach über die Straße Lettowsberg, an deren Ende wir nach rechts abbiegen, den Marktplatz von Bad Doberan. Von hier geht es wenige Meter geradeaus weiter zur Goethestraße mit den Gleisen der Kleinbahn, über diese hinweg in die Severinstraße, wo wir einen guten Blick auf die Pavillons im Kamp haben, weiter durch die Beethovenstraße. Schon nach etwa 150 Metern zweigen wir nach rechts zum nahe gelegenen *Münster* ab.

Wer nun nicht mit der Kleinbahn Molli vom Haltepunkt Goethestraße nach Heiligendamm zurückfahren möchte, sondern zu Fuß das sechs Kilometer entfernte Seebad erreichen will, dem sei folgender Rückweg empfohlen: Vom Münster folgen wir der Straße nach Heiligendamm an alten Villen vorbei zum Ortsende, wo am rechten Straßenrand der Wanderweg nach Heiligendamm beginnt (grünes Dreieck auf weißem Grund). Zunächst geht es der Lindenallee entlang bis zu einzeln stehenden Häusern. Vor diesen zweigt der mit dem grünen Balken gekennzeichnete Weg nach links zum Kellers Wald ab. Wir folgen dem grünen Dreieck an den Häusern vorbei der Lindenal-

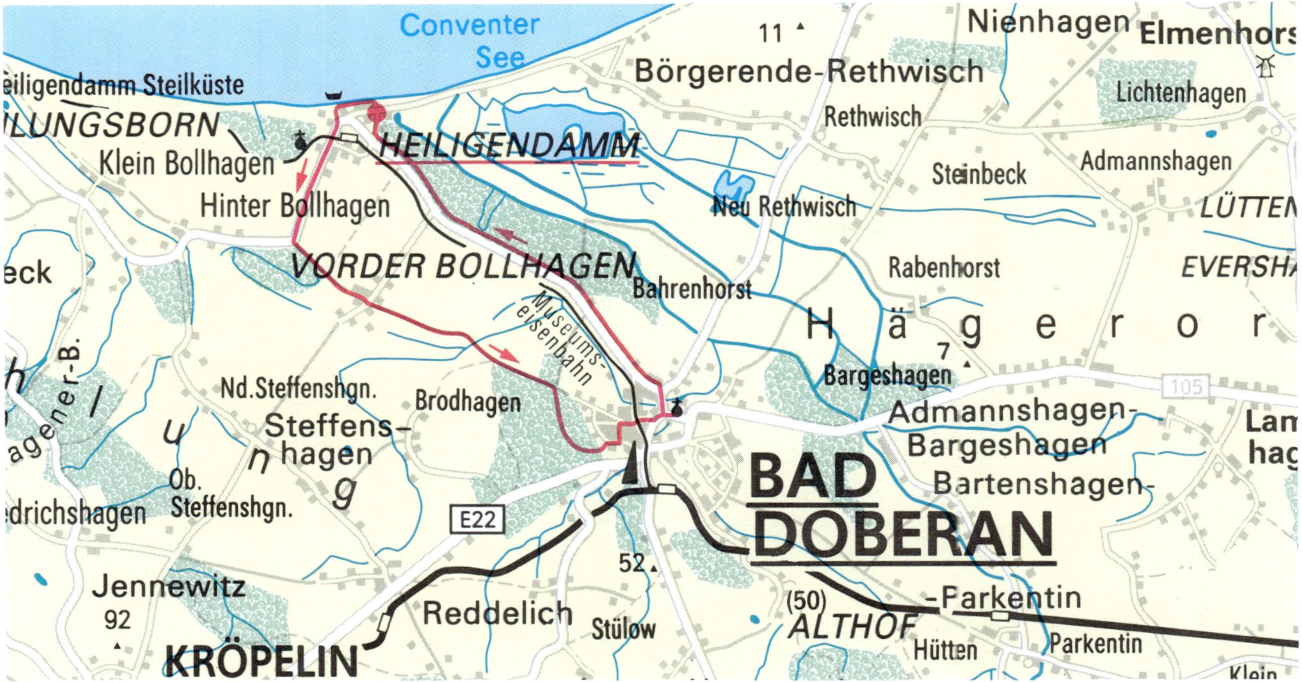
Conventer See
Heiligendamm Steilküste
HEILIGENDAMM
Klein Bollhagen
Hinter Bollhagen
VORDER BOLLHAGEN
Bahrenhorst
Museums-eisenbahn
Börgerende-Rethwisch
Rethwisch
Neu Rethwisch
Steinbeck
Rabenhorst
Nienhagen
Elmenhors
Lichtenhagen
Admannshagen
Bargeshagen
Admannshagen-Bargeshagen
Bartenshagen-
BAD DOBERAN
Nd.Steffenshgn.
Brodhagen
Steffens-hagen
Ob. Steffenshgn.
Jennewitz
Reddelich
Stülow
KRÖPELIN
ALTHOF
-Parkentin
Hütten
Parkentin
E22
105
11
7
52
92
(50)

lee entlang, später rechts der Straße am Rande des Großen Wohlds, wo sich der Weg manchmal als schmaler Pfad durch den Wald schlängelt. Der aufmerksame Wanderer wird auf der Höhe des Rückens die drei Alleen sehen, die zur früheren Rennbahn führten. Schon bald sind wir am Ortsschild von *Heiligendamm* und damit an der Abzweigung nach Börgerende. Auf dem Asphaltsträßchen nach rechts erreichen wir nach etwa 800 Metern unseren Ausgangspunkt am *Heiligen Damm.*

19.1 Bad Doberan - Parkentin - Hütter Wohld - Althof - Bad Doberan

Verkehrsmöglichkeit Bad Doberan, Althof und Parkentin liegen an der Bahnlinie Rostock - Wismar - Schwerin.
Parkmöglichkeiten In Bad Doberan am Bahnhof oder großer bewachter Parkplatz an der B 105 beim Bahnübergang der Kleinbahn (etwa 300 m vom Bahnhof in Richtung Zentrum).
Wegmarkierung In Bad Doberan Straße nach Althof bis zur ›Senke‹ (siehe Tourenbeschreibung) grüner Balken auf weißem Grund; ›Senke‹ - Parkentin - Hütter Wohld - Bahnhof Althof grüner Punkt auf weißem Grund.
Tourenlänge 13,5 km. **Wanderzeit** 3 Stunden.
Höhenunterschiede Insgesamt 120 Meter.
Wanderkarten Wanderkarte 1 : 50 000 Ostseeküste (Zwischen Rostock-Warnemünde und Ostseebad Rerik), Tourist Verlag. - Ostseeküste, westlicher Teil 1 : 100 000, Haack, Gotha.
Wissenswertes In *Althof* bei Bad Doberan, dem Gründungsort des Zisterzienserklosters Doberan, sind die Reste der Klosterscheune und die Kapelle zu besichtigen. Die Klosterscheune, um 1200 erbaut, soll der älteste Profanbau in Ziegelmauerwerk in Mecklenburg sein. Die Kapelle hat, genau wie der Ort, eine bewegte Geschichte hinter sich: 1179 wurde sie zerstört, um 1200 über dem Grab der Fürstin Woizlawa neu errichtet, verfiel sie nach 1552. Erst 1888 wurde sie gründlich restauriert und wieder dem Gottesdienst übergeben. -

Einige der Karpfenteiche im *Hütter Wohld* wurden schon im Mittelalter angelegt. Außerdem befand sich in diesem Waldgebiet die Glashütte des Klosters Doberan.

Bad Doberan 1171 gründeten Zisterziensermönche im heutigen Althof das erste Doberaner Kloster, das jedoch bereits 1179 zerstört wurde. Die Mönche ließen sich danach an der Stelle des heutigen Doberan nieder. Das von 1294 bis 1368 auf den Resten einer romanischen Kirche erbaute Münster gehört zu den schönsten Kirchen im Ostseeraum.

Mit der Verlegung der Sommerresidenz der mecklenburgischen Herzöge nach Doberan begann der Aufstieg des Ortes. Als man dann Anfang des 18. Jahrhunderts mit Moorschlamm aus der Conventer Niederung ein Moorbad einrichtete, wurde es Mode, in Doberan zur Kur zu gehen. Die Anziehungskraft war offensichtlich so groß, daß hier 1822/23 die erste, heute nicht mehr erhaltene, Pferderennbahn auf dem europäischen Kontinent entstand. 1879 erhielt der Ort das Stadtrecht, seit 1921 darf er sich Bad nennen.

Aus der ursprünglich mitten im Ort gelegenen Kuhweide wurde der Kamp, eine parkähnliche Anlage, um die einige schöne klassizistische Gebäude angeordnet sind (zum Teil von Carl Theodor Severin (1763–1836) erbaut). Die beiden Pavillons auf dem Kamp (ebenfalls von Severin) sind die einzigen Chinoiserien Mecklenburgs. Sie werden heute als Café und Ausstellungsraum genutzt.

Anmerkung Die Wanderung kann auch vom Bahnhof Parkentin begonnen werden (Bahnverbindung von Rostock bzw. Bad Doberan). Vom Bahnhof nach rechts auf der Landstraße in den Ort. An der Einmündung der Straße liegt links die Kirche, deren Turm weithin sichtbar ist. Hier nach rechts in Richtung Hastorf und nach weiteren 200 Metern zum Wanderweg nach Hütten.

Zu Tour 18, 19, 23 **Die Kleinbahn »Molli« in Bad Doberan**

Die Wanderung 19.2 kann in Althof angeschlossen werden. Gesamt dann 17 km, 3 3/4 Stunden.

Tourenbeschreibung Vom Parkplatz in *Bad Doberan* am Übergang der B 105 über die Kleinbahn führt rechts neben der Ausfahrt ein Plattenweg an Gärten vorbei direkt zur Abzweigung der Straße (Clara-Zetkin-Straße) nach Althof (etwa 300 m). Dieselbe Abzweigung erreicht man vom Bahnhof aus nach rechts über den Übergang über die Kleinbahn, danach die erste große Straße nach rechts. In dieser führt unser Weg bis zu einem am rechten Straßenrand stehenden großen Bergahorn. Wenige Meter hinter diesem gehen wir nach links in die Fritz-Reuter-Straße (Markierung grüner Balken auf weißem Grund). Dieser folgen wir geradeaus über eine Anhöhe bis in die dahinter liegende kleine Senke. Hier zweigt der Wanderweg nach rechts nach Parkentin ab (Markierung grüner Punkt auf weißem Grund). Es geht über einen eiszeitlichen »Dünenrücken«, rechts des Weges liegt Althof, vor uns taucht der Kirchturm von Parkentin über den Feldern auf. Über den Bahnübergang erreichen wir *Parkentin.*

Vor der Landstraße nach Konow zweigt der Wanderweg nach rechts ab und erreicht nach 30 Metern den Weg nach Hütten. Wir wandern zunächst über einen kleinen Hügel zu einem auf der linken Seite liegenden See, dann geradeaus weiter, vorbei am Altersheim in *Hütten*, hinter diesem nach rechts und nach weiteren 100 Metern nach links zu den Fischteichen und zum *Hütter Wohld.* Der Weg führt an den Fischteichen links vorbei in den Wald, am Bächlein gut markiert nach rechts und weiter durch das hügelige Mischwaldgebiet, teilweise auf einem Betonplattenweg, durch zwei kleine Seitentälchen bis zum Waldrand, wo uns der Blick auf die für Mecklenburg charakteristischen weichselkaltzeitlich überformten, weit geschwungenen Hügelakkerflächen überrascht. Am Ackerrand geht es ohne Weg weiter und unter einer Stromleitung hindurch auf das westlich des Punktes 62 gelegene Waldeck zu. Hier nutzen wir die Möglichkeit, an einer Feldgrenze entlang zum Vermessungspunkt (Punkt 62) »aufzusteigen« - der Blick nach Norden über den Hägerort bis Warnemünde lohnt sich.

Auf einem Feldweg folgen wir dem Waldrand zum etwa 500 Meter entfernten *Althof*. Um zur idyllisch gelegenen Kapelle mit dem gut erhaltenen Fries und dem sehenswerten Portal zu kommen, biegen wir vor einem Transformatorenhäuschen und einer Scheune nach links in einen engen Durchgang in einer Absperrung ab (50 m).

Von der Kapelle sind es nur etwa 200 Meter nach rechts zur Alten Scheune. Vor dieser gehen wir nach rechts, dann nach wenigen Metern vor dem Bahnübergang nach links in den Scheunenweg, der zur Straße Althof - Bad Doberan führt. Auf dieser wandern wir nach rechts am Bahnhof Althof vorbei und über den Bahnübergang nach *Bad Doberan* zurück, wobei wir ab dem Bergahorn den gleichen Weg zum Ausgangspunkt zurück nehmen.

19.2 Bad Doberan - Althof - Hohenfelde - Quellental - Bad Doberan

Verkehrsmöglichkeit Bad Doberan und Althof liegen an der Bahnlinie Rostock - Wismar - Schwerin.
Parkmöglichkeiten In Bad Doberan am Bahnhof oder großer bewachter Parkplatz an der B 105 beim Bahnübergang der Kleinbahn (etwa 300 m vom Bahnhof in Richtung Zentrum).
Wegmarkierung Bahnhof Althof - Alte Scheune in Althof grüner Punkt auf weißem Grund; Alte Scheune - Hohenfelde ohne Markierung; Hohenfelde - Bad Doberan grünes Quadrat auf weißem Grund.
Tourenlänge 10 km. **Wanderzeit** $2^1/_4$ Stunden.
Höhenunterschiede Insgesamt 140 Meter.
Wanderkarten Wanderkarte 1 : 50 000 Ostseeküste (Zwischen Rostock-Warnemünde und Ostseebad Rerik), Tourist Verlag. - Ostseeküste, westlicher Teil 1 : 100 000, Haack, Gotha.

Wissenswertes *Bad Doberan* siehe Tour 19.1. – *Althof* siehe Tour 19.1.

Tourenbeschreibung Vom zentralen Parkplatz in *Bad Doberan* bzw. vom Bahnhof wie bei der Wanderung 19.1 beschrieben zum großen Bergahorn, der rechts an der Straße nach Althof steht. Wir zweigen nun nicht nach links ab, sondern folgen der Straße nach *Althof* geradeaus über den Bahnübergang (hier beginnt die Wegmarkierung), am *Bahnhof Althof* vorbei bis zum von links einmündenden Scheunenweg. Auf diesem geht es bis zu dessen Ende, dann zwei Mal nach rechts zur etwa 100 Meter entfernten *Alten Scheune.* 200 Meter in südlicher Richtung, links am Dorfteich vorbei, liegt idyllisch die *Kapelle Althof* am Rande des Friedhofs. Von der Kapelle erreichen wir durch die kleine Senke das Sträßchen nach Hohenfelde (etwa 150 m).

Auf diesem gehen wir nach links, vorbei an einer Ziegelei und einer Wochenendhauskolonie ansteigend auf die Höhe nach *Hohenfelde*, im Sommer vorbei an wogenden Roggenfeldern.

In Hohenfelde wird die Landstraße Bad Doberan – Schwaan überquert. Nach etwa 500 Metern biegen wir an einer einzeln stehenden Eiche in das zweite Sträßchen von rechts (Am Wege) ein und folgen diesem zur etwa 800 Meter entfernten Gaststätte Quellental, wo wir gut unter den Bäumen des gastlichen Gartens rasten können.

Vor der Gaststätte führt der Weg nach rechts abwärts in das Tal, dort über die Brücke, direkt dahinter nach rechts und ansteigend auf die Höhe (Teufelsberg 81 m). Weiter auf dem schmalen Wanderweg abwärts auf den Fahrweg, der nach rechts

zur Landstraße Schwaan - Bad Doberan führt. Rechts im Tal liegt die nicht mehr funktionsfähige Badenmühle.

Haben wir die Landstraße erreicht, gehen wir auf dieser nach links in Richtung Bad Doberan, verlassen sie aber schon nach 150 Metern wieder nach links, um in den Buchenwald ›einzutauchen‹. In diesem folgen wir dem Pfad zum Talgrund und talabwärts weiter dem mäandrierenden Bachlauf entlang, bis links über dem Bach Wiesengelände zu sehen ist und ein Weg von links nach rechts kreuzt. Hier steigen wir den Wanderweg steil nach rechts aufwärts und erreichen nach einer kurzen Querung im Wald ein Asphaltsträßchen am Bettenhaus des Sanatoriums Moorbad, auf dem wir abwärts und über den Bahnübergang den Bahnhof bzw. den Parkplatz in *Bad Doberan* erreichen.

20 Ostseebad Nienhagen - Ehbruch - Nienhagener Holz - Ostseebad Nienhagen

Verkehrsmöglichkeit Das Ostseebad Nienhagen liegt an der Buslinie Bad Doberan - Warnemünde.
Parkmöglichkeit Im Ostseebad Nienhagen an der Bushaltestelle Nienhagen-West.
Wegmarkierung Von Nienhagen zum ›Forsthaus‹ blauer Balken auf weißem Grund (Teilstück des Fernwanderweges Zittau - Kap Arkona bzw. Seebad Ahlbeck); durch das Nienhagener Holz blaues Kreuz und blaues Dreieck auf weißem Grund. Schlecht markiert, Markierung zur Wegfindung jedoch nicht notwendig.
Tourenlänge 6,5 km.
Wanderzeit $1^1/_2$ Stunden.
Höhenunterschiede Keine.
Wanderkarten Wanderkarte 1 : 50 000 Ostseeküste (Zwischen Rostock-Warnemünde und Ostseebad Rerik), Tourist Verlag. - Ostseeküste, westlicher Teil 1 : 100 000, Haack, Gotha.
Wissenswertes *Ostseebad Nienhagen* Dieses Seebad entwickelte sich erst vergleichsweise spät zum Badeort. Direkt am Steilufer liegt das Nienhagener Holz (Naturschutzgebiet), ein vom Sturm verkrüppelter und zerzauster Buchenwald, dem die bizarre Form seiner Bäume im Bereich des Steilufers auch den Beinamen Gespensterwald eingetragen hat. Besonders an nebligen Tagen macht er seinem Namen alle Ehre.

Zu Tour 19.1, 19.2 **Reste der Klosterscheune des Zisterzienserklosters in Althof**

Tourenbeschreibung Ausgangspunkt ist der Parkplatz an der Bushaltestelle *Nienhagen-West.* Gegenüber dem Parkplatz gehen wir in den Jagdweg (Straße), an dessen Ende auf einem schmalen Pfad zwischen zwei Findlingen hindurch geradeaus weiter auf das Waldgebiet Ehbruch zu (Punkt 13). Von hier queren wir das ruhige Waldgebiet auf einem Waldweg bis zum ›*Forsthaus*‹ an dessen Südseite. Nun nach links auf dem Betonplattenweg nochmals durch das Waldgebiet Ehbruch bis zur Landstraße Bad Doberan – Warnemünde (Bushaltestelle *Nienhagen-Friedhof*).

Von hier etwa 200 Meter auf der Landstraße nach links in Richtung Nienhagen, dann nach rechts in den Schulweg, dem wir bis kurz vor die Küste folgen. Wenige Meter vor dem Ufer nehmen wir den schmalen Pfad nach links durch die Strandanpflanzung zur Gaststätte *Nienhäger Strand* am Steilufer. Vor dieser führt der Weg direkt am Steilufer entlang zum *Nienhagener Holz*, wo wir schöne Ausblicke auf die Ostsee genießen und die bizarren Baumgestalten des Gespensterwaldes bewundern können.

Dem Waldwander- oder Uferweg folgen wir bis zu einem Betonplattenweg; auf diesem nach links und am Forsthaus Harz vorbei auf einem Asphaltsträßchen zurück zum Parkplatz an der Bushaltestelle *Nienhagen-West.*

21 Warnemünde - Stoltera - Warnemünde

Verkehrsmöglichkeiten Rostocker S-Bahn, S-Bahnhof-Warnemünde, Stadtbusse.
Parkmöglichkeiten In Warnemünde vor dem S-Bahnhof Warnemünde-Warnowwerft und in der Parkstraße (Ausfallstraße nach Bad Doberan).
Wegmarkierung Am Steilufer zwischen Hotel Stolteraa und Geinitzort blauer Balken auf weißem Grund (Teilstück des Fernwanderweges Seebad Ahlbeck bzw. Kap Arkona - Zittau).
Tourenlänge 11 km.
Wanderzeit $2^1/_2$ Stunden.
Höhenunterschiede Keine.
Wanderkarten Wanderkarte 1 : 50 000 Ostseeküste (Zwischen Rostock-Warnemünde und Ostseebad Rerik), Tourist Verlag. - Ostseeküste, westlicher Teil 1 : 100 000, Haack, Gotha.
Wissenswertes *Warnemünde* Das 1195 erstmals erwähnte Warnemünde bestand über Jahrhunderte aus zwei Häuserreihen an der Warnow. 1323 kaufte der Rostocker Rat das kleine Fischerdorf vom mecklenburgischen Herzog. Bis in unser Jahrhundert hinein wurde es dann von einem städtischen Vogt verwaltet. 1817 kamen die ersten Badegäste und heute gehört es zu den beliebtesten Seebädern an der Ostseeküste. Von der Geschichte und den Sitten des Ortes kann man einiges im Warnemünde-Museum

Zu Tour 20, 23 **Gespensterwald beim Ostseebad Nienhagen**

erfahren, das in einem typischen Fischerhaus des 18. Jahrhunderts untergebracht ist. Die Westmole, die 587 Meter in die Ostsee hinausführt, schützt die Hafeneinfahrt sowohl für den Seehafen Rostock als auch für den Fischereihafen und den Fährhafen. – Das Hochufer der *Stoltera* westlich von Warnemünde besteht aus übereinandergeschobenen Geschiebemergelmassen, die vom Meer abgetragen wurden und werden. Die Sande werden vom Wind verfrachtet und weiter östlich am Sandstrand von Warnemünde abgelagert.

Anmerkung Die Wanderung kann auch gut von den Parkplätzen am Stadtrand von Warnemünde (Richtung Bad Doberan) zwischen der Jugendherberge und Waldeslust begonnen werden.

Tourenbeschreibung Als Ausgangspunkt wählen wir den S-Bahnhof *Warnemünde.* Über den Bahnhofsvorplatz und die Fußgängerbrücke geht es zur Straße Am Strom, die sich nach rechts in Richtung Leuchtturm als Fußgängerzone fortsetzt. Durch dieses von Touristen belebte Stück am Alten Strom, in dem die Fischkutter auf die Abfahrt warten, erreichen wir den *Leuchtturm* und die *Mole.*

Am alten Leuchtturm beginnt die großzügige Strandpromenade, der wir bis an das Ende folgen. Links liegen die großen Hotels und andere gastronomische Einrichtungen, während rechts ausgedehnte Strandhaferanpflanzungen die Düne schützen. An den ersten Strandgebüschen geht die Promenade in den markierten Wanderweg über, der am Steilufer entlang zum Naturschutzgebiet *Stoltera*, einem der letzten naturnahen Waldreste (Buchen- und Kiefernwald) an der Ostseeküste zwischen

Warnemünde und Rerik führt. Vom Steilufer bieten sich herrliche Blicke auf die Ostsee und die Strandpromenade von Warnemünde.

Am Ende des Waldgebietes *(Geinitzort)* kehren wir um und nehmen den Weg, der auf der Landseite des Waldgebietes bis Waldeslust verläuft. Wir können nun wieder über die Strandpromenade und am Alten Strom entlang zum Ausgangspunkt zurückkehren oder ab Waldeslust auf dem Gehweg der Parkstraße folgen, bis diese nach rechts nach Rostock abzweigt. An dieser Stelle gehen wir geradeaus durch die verkehrsberuhigte Zone durch die Mühlenstraße zur Kirche. An dieser rechts vorbei und weiter geradeaus durch die Kirchenstraße. Hier im ältesten Teil von Warnemünde lassen die Vorbauten an den Häusern kaum noch Platz für Straße und Gehweg. Über die Fußgängerbrücke über den Alten Strom erreichen wir wieder den Bahnhofsvorplatz des S-Bahnhofes *Warnemünde.*

22 Ostseebad Nienhagen - Admannshagen - Elmenhorst - Stoltera - Warnemünde

Verkehrsmöglichkeit Das Ostseebad Nienhagen liegt an der Buslinie Bad Doberan - Warnemünde.
Parkmöglichkeit Im Ostseebad Nienhagen an der Bushaltestelle Nienhagen-West.
Wegmarkierung Blauer Balken auf weißem Grund (Teilstück des Fernwanderweges Zittau - Kap Arkona bzw. Seebad Ahlbeck).
Tourenlänge 14 km.
Wanderzeit 3 1/4 Stunden.
Höhenunterschiede Keine nennenswerten.
Wanderkarten Wanderkarte 1 : 50 000 Ostseeküste (Zwischen Rostock-Warnemünde und Ostseebad Rerik), Tourist Verlag. - Ostseeküste, westlicher Teil 1 : 100 000, Haack, Gotha.
Wissenswertes *Ostseebad Nienhagen* siehe Tour 20. - *Warnemünde* siehe Tour 21. - *Stoltera* siehe Tour 21.
Tourenbeschreibung Gegenüber dem Parkplatz an der Bushaltestelle *Nienhagen-West* führt der Jagdweg (Straße) zum Ortsrand. Es geht weiter geradeaus zwischen zwei Findlingen (mit Wegmarkierung) auf das Eck des Waldgebietes Ehbruch (Punkt 13) zu, dann schräg durch den Wald zum auf dessen Südseite gelegenen ›Forsthaus‹. Hier überqueren wir die Betonplattenstraße und wandern geradeaus (östlich) weiter. Bald

schwenkt der Weg nach rechts und führt an einem Graben mit Korbweiden entlang. Nach einer scharfen Rechtskurve wird *Steinbeck-Dorf* erreicht, nach wenigen Metern die Asphaltstraße (Lindenstraße), der wir etwa 600 Meter nach links zu den ersten Häusern von *Admannshagen* folgen. Flach wie ein Teller ist hier die Landschaft, der Hägerort, der seinen Namen von den Endungen der in ihm liegenden Dörfer erhalten hat. An den ersten Häusern biegt der Wanderweg in den Waldweg ein (der Weg führt jedoch nicht durch Wald und heißt später Steinbecker Weg). An der Gabelung am Ende des geradlinigen Weges geht es nach links über Betonplatten weiter zur Landstraße Nienhagen – Warnemünde in *Elmenhorst.* Auf dem Gehweg nach rechts, nach 100 Metern nach links in den Strandweg. Dieser führt schnurgerade an Pappeln entlang und an einer LPG vorbei zur unerwartet steil abbrechenden Küste. Wir wandern nach rechts durch das Küstengebüsch und erreichen nach etwa einem Kilometer bei Geinitzort den herrlichen Buchenwald der *Stoltera.* Weiter geht es am Hochufer entlang mit schönen Ausblicken auf die Ostsee und die Strandpromenade von Warnemünde. Am Ende des Wanderweges, auf der Höhe des Hotels Stolteraa und der Jugendherberge, beginnt die Strandpromenade von *Warnemünde.* Es empfiehlt sich, die Wanderung am Hotel Neptun vorbei zum zwischen 1897 und 1898 erbauten alten Leuchtturm und zur Mole fortzusetzen.

23 Ostseebad Rerik - Bastorf - Ostseebad Kühlungsborn (- Kühlung) - Ostseebad Heiligendamm (- Bad Doberan) - Elmenhorst - Warnemünde

Verkehrsmöglichkeiten Kröpelin und Bad Doberan liegen an der Bahnlinie Schwerin - Wismar - Rostock. Die Ostseebäder Kühlungsborn und Heiligendamm sind durch die Kleinbahn Molli untereinander und mit Bad Doberan verbunden. Rostokker S-Bahn bis Warnemünde. Busverbindungen Rerik - Kröpelin, Rerik - Kühlungsborn, Kühlungsborn - Heiligendamm - Bad Doberan - Warnemünde.

Parkmöglichkeiten In Rerik großer Parkplatz am Ortsausgang in Richtung Kröpelin (bei der Tankstelle). (In Warnemünde Parkmöglichkeiten in der Parkstraße und große Parkplätze am Ortsausgang in Richtung Elmenhorst.)

Wegmarkierung Rerik - Bastorfer Holm ohne Markierung; Bastorfer Holm - Wichmannsdorfer Holz grünes Dreieck auf weißem Grund; Kühlungsborn - Nienhagen, Markierung nur im Nienhagener Holz, blaues Kreuz und blaues Dreieck auf weißem Grund (schlecht markiert); Nienhagen-West - Warnemünde blauer Balken auf weißem Grund (neu markiert). Der letztgenannte Wegabschnitt ist Teil des Fernwanderweges Zittau - Kap Arkona bzw. Seebad Ahlbeck. Kühlungsborn - Diedrichshäger

Zu Tour 21, 22, 23, 33 **Der Alte Strom in Warnemünde**

Berg – Klein Bollhagen grüner Punkt auf weißem Grund; Heiligendamm – Bad Doberan grünes Dreieck auf weißem Grund; Bad Doberan – Admannshagen ohne Markierung; Admannshagen – Warnemünde blauer Balken auf weißem Grund.

Tourenlänge 46 km, 50 km über Kühlung und Bad Doberan.

Wanderzeit $10^1/_2$ Stunden, $11^1/_2$ Stunden durch die Kühlung und über Bad Doberan ($1^1/_2$ bis 2 Tage).

Höhenunterschiede Insgesamt etwa 160 Meter; etwa 230 Meter Anstieg und 200 Meter Abstieg durch die Kühlung und über Bad Doberan.

Bademöglichkeiten Strände in Rerik, Kühlungsborn, Heiligendamm, Nienhagen und Warnemünde.

Wanderkarten Wanderkarte 1 : 50 000 Ostseeküste (Zwischen Rostock-Warnemünde und Ostseebad Rerik), Tourist Verlag. – Ostseeküste, westlicher Teil 1 : 100 000, Haack, Gotha.

Wissenswertes *Ostseebad Rerik* siehe Tour 14. – Urdolmen bei *Neu Gaarz* siehe Tour 15. – *Ostseebad Kühlungsborn* siehe Tour 16. – *Warnemünde* siehe Tour 21. – *Kühlung*: Weichselkaltzeitlich überformter Landrücken mit bemerkenswert steilen Abhängen. Mit 129 Metern ist der Diedrichshagener Berg die höchste Erhebung. – *Stoltera*: siehe Tour 21.

Tourenbeschreibung Ausgangspunkt für unsere Wanderung durch die Landschaft zwischen dem Salzhaff und der Warnow-Mündung ist die Kirche in *Rerik*, die mit ihrem markanten achtflächigen Turm von weither sichtbar über dem Salzhaff steht. Gegenüber der Kirche folgen wir einem holzgeschnitzten Wegweiser in den Parkweg, auf dem wir nach etwa 100 Metern die Gaststätte Steilküste erreichen. Am Steilufer wenden wir uns nach rechts und wandern durch den tunnelartig dichten Bewuchs zur Liebesschlucht, einer steil zum Meer hin abfallenden Rinne, die wir landeinwärts umgehen. Hin und wieder bieten sich herrliche Ausblicke über das Steilufer und die Ostsee. Weiter geht es durch den Küstenwaldsaum bis auf die Höhe von Neu Gaarz. Nach rechts erreichen wir auf dem Natursträßchen nach 300 Metern die Landstraße Rerik – Meschendorf, hier 100 Meter nach links und vor dem Campingplatz nach rechts.

Von hier bietet sich ein Abstecher zum 900 Meter entfernten Urdolmen an. Dieser liegt 30 Meter rechts neben dem Sträßchen nach Meschendorf in einem Feld. Etwa 250 Meter nach dem Urdolmen zweigt ein Feldweg nach rechts ab. Auf diesem erreichen wir die Rudingkuppe.

Im anderen Fall gehen wir, wie erwähnt, am Campingplatz nach rechts auf der Vorfahrtsstraße etwa 600 Meter bis zu den letzten Häusern. Hier biegt die Vorfahrtsstraße nach rechts zur

E
Trollegrund
OSTSEEBAD KÜHLUNGSBORN
Bukspitze
KÜHLUNGSBORN OST
KÜHLUNGSBORN WEST
Bf. Heiligendamm Steilküste
Museumseisenbahn
Kägsdorf
MESCHENDORF
Klein Bollhagen
Hinter Bollhagen
HEILIGENDAMM
Conventer See
Neu Rethwisch
Bahrenhorst
Börgerende-Rethwisch
Rethwisch
Steinbeck
Rabenhorst
Ostseebad Nienhagen
Wittenbeck
Bastorf
Kühlung
Mechelsdorf
Neu Garz
Wendelstorf
Hohen Niendorf
Wichmannsdorf
Diedrichshagener-Berg
VORDER BOLLHAGEN
Bargeshagen
Nd.Steffenshgn.
Steffenshgn.
Brodhagen
Ob. Steffenshgn.
Diedrichshgn.
GARVSMÜHLEN
OSTSEEBAD RERIK
BLENGOW
Wischuer
Jennewitz
Admannshagen
Bargeshagen
Bartenshagen
BAD DOBERAN
E22
Reddelich
Stülow
Parkentin
ALTHOF
Hütten
Boldenshagen
Zweedorf
Roggow
Biendorf
Gersdorf
HANSHAGEN
KRÖPELIN
Glashagen
Hohenfelde
Neuhof
BRUSOW
Russow
Körchow
Sandhagen
105
Fulgenkoppel
Tessmannsdorf
Jörnstorf
Hastorf
15
11
3
79
30
129
92
52
102
44
7

Landstraße Rerik - Kröpelin ab. Wir jedoch gehen nach links auf den Plattenweg (an der Abzweigung stehen zwei etwa 30 Jahre alte Linden mit verwaschener Wegmarkierung grünes Dreieck auf weißem Grund), der uns an einer LPG vorbei, dann in einer Links-Rechts-Kurve und einem anschließenden geraden Wegstück durch den Waldfleck und weiter durch die Felder zur Rudingkuppe (43 m) leitet.

Hier stoßen wir auf einen Querweg, dem wir nach rechts bis *Mechelsdorf* folgen. Etwa 150 Meter nach dem Ortseingang an der Kreuzung nach links, dann geradeaus weiter und vorbei an einer Müllkippe zur Landstraße Rerik - Kühlungsborn, der wir geradeaus bis zum Gasthof Zum Leuchtturm in *Bastorf* folgen.

Empfehlenswert ist hier ein Abstecher zum Leuchtturm Buk auf dem Bastorfer Signalberg (79 m). Vom Gasthof Zum Leuchtturm führt rechts (von vorne gesehen) ein Sträßchen durch eine LPG und ansteigend weiter zur Abzweigung zum Leuchtturm. Der Blick auf Kühlungsborn und auf den Bastorfer Holm ist wirklich lohnend.

Zurück zum Gasthof Zum Leuchtturm. Dort nach links durch den Ort bis die Straße in einer Linkskurve ansteigt (links liegt ein sehenswertes Gehöft). Hier zweigen wir nach rechts in den Hohen Niendorfer Weg ab. Nach 200 Metern folgen wir an einem rechts liegenden Teich dem Weg nach links. An den letzten Häusern geht es geradeaus über die Kreuzung und weiter durch die Felder Richtung *Bastorfer Holm*. Wir kommen direkt auf ein teilweise reetgedecktes altes Haus zu, an dem der Betonplattenweg nach rechts abbiegt, während wir auf dem Waldweg nach links am Reetdachhaus vorbei weiterwandern. An der ersten Gabelung nach links, an der zweiten wiederum nach links bis zum Waldrand. Hier führt der Weg nach rechts und im Waldrandbereich zunächst auf der Höhe, dann weiterhin im Waldrandbereich abwärts bis zu einem kleinen Bach, der von rechts herunterfließt.

An dieser Stelle treffen wir auf die Markierung grünes Dreieck auf weißem Grund, der wir jetzt nach rechts folgen. Nach 10 Metern an der ersten Weggabelung links ansteigend, nach weiteren 50 Metern wiederum links abzweigen. Weiter geht es im welligen Gelände zu einem Buchenhochwald. In diesem zweigt der Weg rechtwinklig nach links (weißen Pfeil beachten!) zum Waldsaum ab. An diesem geschwungen entlang erreichen wir das Sträßchen nach Wichmannsdorf. Auf diesem links bergab, mit schöner Aussicht, bis zur Einmündung des Wichmannsdorfer Weges in die Landstraße Kröpelin - Kühlungsborn in *Kühlungsborn*.

Sofern wir die Wanderung nicht durch Kühlungsborn fortsetzen, sondern durch die Kühlung, nehmen wir etwa 400 Meter nach dem Wichmannsdorfer Holz den ersten Feldweg nach rechts zur Straße Kühlungsborn - Kröpelin (weitere Beschreibung siehe unten).

An der Einmündung nach links. Wir wandern an der alten Kirche aus der Zeit um 1300, die rechts im Friedhof liegt und an reetgedeckten Häuern vorbei zum Bahnübergang am Haltepunkt *Kühlungsborn-Mitte* und weiter entlang der Bahnstrecke zum Bahnhof *Kühlungsborn-Ost*. Von hier sind es etwa 100 Meter nach links durch die Doberaner Straße zur Strandstraße. Dieser folgen wir nach rechts bis zum Ende und geradeaus weiter zur Strandpromenade. Von hier aus führt im Uferbereich ein Weg zum Ostseebad Heiligendamm. Auf der Höhe des Haltepunktes *Heiligendamm-Steilküste* trifft der Weg aus der Kühlung auf den Uferweg.

Wer die Wanderung durch die Kühlung gewählt hat, geht an der Einmündung des oben genannten Feldweges auf der Landstraße nach rechts, bis nach etwa 300 Metern an einem auf der rechten Straßenseite liegenden Gehöft der Wanderweg zum Diedrichshäger Berg (grüner Punkt auf weißem Grund) nach rechts abzweigt. Geradeaus geht es über Weiden in den Wald bis auf eine Verebnung mit einem Wegstern.

Von hier aus bietet sich (geradeaus weiter) ein Abstecher zum *Diedrichshagener Berg* an, von dem wir eine schöne Sicht nach Süden und auf das Salzhaff haben. Zurück zum Wegstern.

Wir folgen dem Hauptweg, der sofort steil in ein Tälchen abfällt, aus dem wir ansteigend zur Landstraße Kühlungsborn - Kröpelin kommen, die wir geradeaus überqueren.

Zu Tour 18, 23 **Kurhaus im Ostseebad Heiligendamm**

Wer eine Rast im Gasthaus Zur Kühlung einlegen möchte, folgt hier (vom Diedrichshagener Berg kommend) nicht dem Hauptweg scharf nach rechts, sondern geht nach rechts auf einem schmalen Waldweg (Markierung grüner Punkt auf weißem Grund) weiter (hier nicht nach links auf den stärker begangenen Weg einbiegen!), der nach einem steilen Abstieg durch einen Fichtenwald in eine Senke und aus dieser leicht ansteigend durch einen Buchenhochwald zur Landstraße Kühlungsborn – Kröpelin führt. Hier liegt 250 Meter nach links das Gasthaus Zur Kühlung. Zurück zur Einmündung des Weges in die Landstraße und etwa 400 Meter geradeaus weiter, bis das erste Sträßchen nach links abzweigt.

Auf der rechten Talseite geht es abwärts, dann geradeaus durch *Wittenbeck* zur Landstraße Kühlungsborn – Heiligendamm, die wir queren. Links an der Kreuzung liegt die Gaststätte Nasse Ecke. Unser Weg führt geradeaus weiter zum 300 Meter entfernten *Klein Bollhagen.* In diesem kleinen Ort nach links aufwärts zur Anhöhe mit guter Sicht auf die Ostsee. Von der Anhöhe wandern wir geradeaus abwärts zum Haltepunkt *Heiligendamm-Steilküste* und treffen wenige Meter weiter auf den von Kühlungsborn kommenden Strandweg.

Der weitere Weg zum Ostseebad Heiligendamm führt am Ufer entlang bis kurz vor den Kleinen Wohld. Hier biegt der Weg nach rechts ab. Auf dem Waldweg, auf den wir stoßen, kommen wir nach links zum Parkplatz. Vom nahegelegenen Steilufer lohnt sich die Aussicht auf die Ostsee und auf Kühlungsborn. Unsere nächste Weggabelung, den Bahnübergang von *Heiligendamm,* erreichen wir auf dem Waldweg am Steilufer und über das Asphaltsträßchen. Wer sich entschließt, über Bad Doberan zu wandern, dem sei vorher der Besuch des Ostseebades Heiligendamm, der »Weißen Stadt am Meer«, empfohlen.

250 Meter sind es vom Bahnübergang zum Kurhaus (Tafel für Carl Theodor Severin, den Baumeister von Heiligendamm). Am Kurhaus und am Findling vorbei, der an die Gründung des Seebades erinnert, schlendern wir über die Strandpromenade nach rechts zum *Heiligen Damm.*

Der Weg folgt nun dem Sträßchen zwischen dem Heiligen Damm und der Conventer Niederung zu den ersten Häusern von *Börgerende.* Hier gehen wir geradeaus weiter am Campingplatz Börgerende vorbei, weiter geradeaus auf einem schmalen Pfad rechts eines Gebüsches, dann direkt am Steilufer entlang zum *Nienhagener Holz.* In diesem Naturschutzgebiet wandern wir meistens entlang des Steilufers inmitten der bizarren Baumgestalten bis zum Ende des Gespensterwaldes. Nach der Gaststätte Nienhäger Strand geht es nach rechts auf dem Sträßchen (Strandweg) zur Landstraße, der wir nach rechts entlang des Waldes in Richtung Bad Doberan bis zum Parkplatz an der Bushaltestelle *Nienhagen-West* folgen.

Gegenüber dem Parkplatz gelangen wir durch den Jagdweg zum südöstlichen Ortsausgang. Es geht weiter geradeaus zwischen zwei Findlingen (mit Markierung blauer Balken auf weißem Grund) auf das Waldgebiet Ehbruch zu (Punkt 13), dann schräg durch den Wald zum auf dessen Südseite gelegenen ›Forsthaus‹. Hier überqueren wir die Plattenstraße und wandern geradeaus in östlicher Richtung weiter. Bald schwenkt der Weg nach rechts und führt an einem Graben mit Korbweiden entlang. Nach einer scharfen Rechtskurve wird *Steinbeck-Dorf* erreicht, nach wenigen Metern die Asphaltstraße (Lindenstraße). Hier treffen wir auf die Route über Bad Doberan.

Diejenigen, die über Bad Doberan wandern, müssen in Heiligendamm zunächst über den Bahnübergang in Richtung Kühlungsborn, weiter geradeaus zum Ortsausgang (die Wegmarkierung an einem Baum kurz nach dem Bahnübergang auf der linken Straßenseite ist etwas mißverständlich), von dort, leider ohne Gehweg, auf der Landstraße bis zum einen Kilometer entfernten *Bollhagener Bruch*, vor dem die Straße in einer scharfen Kurve nach rechts weiterführt. Wir gehen zunächst auf der alten Straßentrasse (etwa 100 m) geradeaus zum Waldeck, dann nach links am Waldrand entlang und weiter auf einem Feldweg, der uns für die Straße entschädigt, nach *Vorder Bollhagen.*

In diesem nur aus wenigen Häusern bestehenden Ort kreuzen wir die Straße Großer Wohld – Steffenshagen. Der nun folgende Feldweg mit Pappelreihe und schönem Blick über das Bollhagener Fließ führt auf dem Rücken entlang, der die Conventer Niederung vom Bollhagener Fließ trennt, dann quer durch das Fließ zum *Kellers Wald.* Von hier wandern wir zunächst etwa 400 Meter am Wald entlang weiter, danach geradeaus durch den Wald über einen kaltzeitlichen Rücken bis sich links der Blick wieder öffnet. Wir gehen geradeaus am Waldrand entlang und durch die Heinrich-Klöcking-Straße zum Marktplatz von *Bad Doberan.* Über die Goethestraße kommen wir zur Severinstraße (der Kamp mit den beiden Pavillons liegt rechts). Schon nach 150 Metern durch die sich anschließende Beethovenstraße zweigen wir nach rechts zum *Münster* ab.

Vom Münster sind es 100 Meter zur B 105 (Klostermauer). Hier führt unser Weg nach links an der B 105 entlang, bis nach der Rechtskurve ein Fahrsträßchen nach links abzweigt. Diesem folgen wir, bis nach den letzten Häusern das Plattensträßchen leicht nach rechts abbiegt und nach *Rethwisch* führt. In Rethwisch treffen wir auf die Vorfahrtsstraße, der wir geradeaus folgen. Nach etwa einem Kilometer zweigt diese nach rechts in Richtung Admannshagen ab. Auf der Höhe von Steinbeck-Dorf trifft der Wanderweg von Nienhagen auf die Asphaltstraße (Markierung blauer Balken auf weißem Grund). An dieser Stelle sollten wir uns eine kleine Pause gönnen. Die weite Landschaft des Hägerort, benannt nach den Endungen der Ortschaften, die in ihm liegen, dehnt sich vor uns aus.

Der Asphaltstraße (Lindenstraße) folgen wir etwa 600 Meter zu den ersten Häusern von *Admannshagen.* An diesen biegt der Wanderweg in den Waldweg ein (der Weg führt jedoch nicht durch den Wald und heißt später Steinbecker Weg). An der Gabelung am Ende des geraden Weges geht es nach links weiter zur Landstraße Nienhagen - Warnemünde in *Elmenhorst.* Auf dem Gehweg nach rechts, nach 100 Metern nach links in den Strandweg. Dieser führt an Pappeln entlang und an einer LPG

vorbei zur unerwartet steil abbrechenden Küste. Wir wandern nach rechts durch das Küstengebüsch und erreichen nach etwa einem Kilometer bei Geinitzort den Buchenwald der *Stoltera.*

Weiter geht es am Hochufer entlang mit Ausblicken auf die Ostsee und die Strandpromenade von Warnemünde. Am Ende des Wanderweges, auf der Höhe des Hotels Stolteraa und der Jugendherberge beginnt die Strandpromenade von *Warnemünde.* Es empfiehlt sich, die Wanderung am Hotel Neptun vorbei zum Leuchtturm und zur Mole fortzusetzen.

Von der Mole führt der Weg am Alten Strom entlang zur Fußgängerbrücke und zum Bahnhof von Warnemünde.

Diejenigen, die zur *Rostocker Heide* weiterwandern, gehen durch die Bahnunterführung. Es sind dann nur wenige Meter bis zur *Warnow*, hier nach rechts und zur Fähre, die uns zur *Hohen Düne* (Wald und Ortsteil) bringt.

Rostocker Heide, Fischland, Darß und Zingst

An den langen, ungegliederten Sandstrand zwischen Markgrafenheide und dem Ostseebad Graal-Müritz schließt sich landeinwärts ein ausgedehntes Waldgebiet an, die Rostocker Heide. Auf dem eiszeitlichen Sandergebiet wechseln sich heute je nach Bodenbeschaffenheit und Staunässe naturnahe Rotbuchen-Eichenmischwälder, Birken-Erlenbrüche, Waldkiefernforste und unnatürliche Fichtenforste ab.

Nordöstlich des Ostseebades Dierhagen geht die wenig gegliederte Küste in die Insel- und Boddenküste des östlichen Mecklenburg-Vorpommerns über. Eine einmalige Landschaftsentwicklung weist die aus ursprünglich drei Inseln bestehende Halbinsel Fischland-Darß-Zingst auf.

Vor etwa 16 000 Jahren, am Ende der letzten Kaltzeit, lag das gesamte Gebiet noch unter einer dicken Eisdecke, die im Laufe der Zeit das vormals hügelige Gelände aus kreide- und tertiär-

Zu Tour 26, 33 **An der Ostsee beim Ostseebad Graal-Müritz**

zeitlichen Ablagerungen weitgehend glattgehobelt hatte. Langsam verlagerte sich der Eisrand nach Norden, und mit dem Abschmelzen des Inlandeises füllte sich die Ostsee-Depression. Der Meeresspiegel lag jedoch weit unter seinem heutigen Niveau, unser Gebiet war noch Festland. Vor ungefähr 7000 Jahren, während der Litorina-Transgression, begann der Meeresspiegel dann relativ rasch zu steigen und das Wasser überflutete alle tiefer gelegenen Teile. Nur die höher gelegenen Inselkerne blieben übrig. An diesen setzte die Abtragung ein. Es entstanden Steilufer. Das dort abgetragene Material wurde unmittelbar am Inselkern als Sandhaken wieder abgelagert. In der Folgezeit wuchsen die Sandhaken langsam zu Nehrungen zusammen, es entstanden Landbrücken zwischen den Inselkernen. Damit kam es zur weitgehenden Abtrennung der Boddengewässer von der offenen Ostsee, die beim weiteren, jedoch nicht mehr so starken Anstieg des Meeresspiegels mit Wasser gefüllt wurden.

An der Außenküste gingen die Abtragungen weiter. Dort, wo die Küste von Westen nach Norden umbog, etwas nördlich der heutigen Rehberge auf dem Darß, kam es vor etwa 2000 Jahren zu den ersten Aufschüttungen, aus denen die Strandwälle entstanden, die heute den Neudarß bilden. Ein Strandwall schob sich vor den anderen, oft einen Strandsee abschnürend, der bald verlandete. Diese Entstehung gibt dem Neudarß um Prerow sein besonderes Gepräge. Hier wechseln trockene Reffe, die früheren Strandwälle, mit feuchten Riegen, den früheren sumpfigen Senken, ab, während der weiter südlich gelegene Altdarß aus einer einheitlich trockenen Heidelandfläche, einem alten Inselkern, besteht.

Am Hohen Ufer des Fischlandes und am Weststrand des Darß gehen die Abtragungsvorgänge unvermindert weiter. Das abgetragene Material wird vom Meer parallel zur Küste in Richtung Darßer Ort und Insel Bock transportiert und dort abgelagert. Durchschnittlich werden etwa 0,5 Meter im Jahr abgetragen. Um diese Abtragung einzudämmen, wird mit Küstenschutzmaßnahmen versucht, die Wucht des Wassers zu brechen. Vielleicht wären sonst die schmalen Landverbindungen bei Ahrenshoop und Wustrow schon längst durchgebrochen und Darß und Zingst wieder Inseln geworden.

Heute trennt die Halbinsel Fischland-Darß-Zingst die Darß-Zingster Boddenkette mit ihren vier Einzelbodden, dem Saaler, dem Bodstedter und dem Barther Bodden sowie dem Grabow, von der offenen Ostsee ab. Sie setzt sich mit dem Großen Werder, den drei kleinen Werder-Inseln und dem Bock, der zur Insel Hiddensee überleitet, fort.

Es ist eine außergewöhnliche Landschaft, die wir auf unseren Wanderungen auf dieser Halbinsel erleben. Im Niederen Fischland, das mit ganzen zwei Metern aus dem Meer ragt, so schmal, daß vom Deich an der Ostsee Meer und Bodden gleichermaßen zu überschauen sind. Ausdrucksstark im Hohen Fischland, wo beide Küstenelemente vertreten sind: auf der einen Seite das Hohe Ufer bei Ahrenshoop, immer dem Vormarsch des Meeres ausgesetzt, auf der anderen Seite die Boddenküste, an der Land und Meer in einer unvergleichlichen Ruhe ineinander übergehen. Auf dem Darß ist die Landschaft urwüchsig und abwechslungsreich und bei Zingst ruhig und still, stark geprägt von der Boddenküste. Große Teile der Halbinsel sind Landschafts- und Naturschutzgebiete.

24 Markgrafenheide - Schnatermann - Markgrafenheide

Verkehrsmöglichkeit Busverbindung (Rostock -) Dierkower Kreuz - Markgrafenheide - Hohe Düne/Fähre (- Warnemünde).
Parkmöglichkeit Im Ortsbereich von Markgrafenheide.
Wegmarkierung Blauer Balken auf weißem Grund.
Tourenlänge 12 km.
Wanderzeit 2¾ Stunden.
Höhenunterschiede Keine.
Wanderkarten Generalkarte 1 : 200 000, Blatt 27. - Ostseeküste, mittlerer und östlicher Teil 1 : 130 000, Haack, Gotha.
Wissenswertes Im *Naturschutzgebiet Schnatermann* (62 ha) bedeckt ein naturnaher Eichen-Buchenwald die kaltzeitliche Feinsanddecke am Südrand der Rostocker Heide. Neben Rotbuche und Stieleiche tritt die Hainbuche auf. Als Besonderheiten kommen die atlantische Stechpalme und der Waldschwingel vor.
Anmerkung Die Wanderung kann auch vom Parkplatz an der Straße zwischen Markgrafenheide und Hinrichshagen begonnen werden (Bushaltestelle Schnatermann Weg). Von hier sind es etwa 300 Meter nach Süden zum markierten Wanderweg. Die Anordnung der Wegweiser im Waldgebiet ist jeweils im Sinne von Rundwanderungen zu verstehen.
Tourenbeschreibung Wir beginnen unsere Wanderung durch die schönen Waldbestände am Nordrand des *Naturschutzgebietes Schnatermann* in Markgrafenheide und wandern auf dem Gehweg entlang der Straße nach Hinrichshagen zum Ortsausgang. Etwa 100 Meter nach dem Ortsendeschild zweigt der Wanderweg

nach rechts ab. Diesem folgen wir durch den Wald zur Abzweigung zur *Oberhäger- oder Postwiese* (große Lichtung). 50 Meter danach zweigt unser Weg vom breiten Weg nach rechts ab (Wegmarkierung).

Nach einer kurzen Wegstrecke stoßen wir auf einen stark befahrenen Waldweg. Auf diesem geht es nach rechts und nach etwa 150 Metern wiederum nach rechts (Pfeil beachten) bis vor den Waldrand. Hier wandern wir nach links, an einem Rastpilz vorbei, weiter entlang des Schilfbestandes am Waldsaum und über einen etwa 100 Meter langen Steg nach rechts durch den Schilfgürtel und durch den Buchenwald zum stark befahrenen Waldweg* (Rastpilz).

Von hier bietet sich die Möglichkeit, nach rechts zur Ausflugsgaststätte Schnatermann zu wandern und weiter zum *Breitling* mit Blick zum Überseehafen von Rostock.

Auf dem Waldweg* wandern wir vom Rastpilz nach links, bis wir an einem Wegkreuz auf einen weiteren Rastpilz treffen. Von hier sind es etwa 700 Meter nach links bis zu der Stelle, an der wir den breiten Waldweg zum Schilf verlassen haben. Nun geht es auf demselben Weg zurück nach *Markgrafenheide.*

25 Ostseebad Graal-Müritz - nördliche Rostocker Heide - Ostseebad Graal-Müritz

Verkehrsmöglichkeiten Bahnverbindung Rövershagen - Graal-Müritz; Busverbindungen Rostock - Ostseebad Graal-Müritz, Ribnitz-Damgarten - Ostseebad Graal-Müritz.
Parkmöglichkeit Parkplatz am Ortsausgang des Ostseebades Graal-Müritz in Richtung Hinrichshagen.
Wegmarkierung Grüner Balken auf weißem Grund.
Tourenlänge 7,5 km. **Wanderzeit** 1 3/4 Stunden.
Höhenunterschiede Keine.
Wissenswertes Am Nordrand der Rostocker Heide liegt der von Wald und Mooren umgebene Doppelort *Ostseebad Graal-Müritz.* Sowohl Müritz als auch Graal haben eine lange Geschichte. 1328 schenkte Fürst Heinrich der Löwe Muryz (slawisch der am Meer gelegene) dem von ihm gegründeten Kloster Sankt Karen in Ribnitz und gab dazu die Genehmigung, einen Hof für Viehzucht anzulegen. Der Torfabbau, der bis ins 19. Jahrhundert andauerte, veränderte die Natur der Moore.

Zu Beginn des 19. Jahrhunderts kamen die ersten Badegäste nach Müritz und aus der kleinen Bauernsiedlung entwickelte sich nach und nach ein Seebad. 1938 wurden die Gemeinden Graal und Müritz zusammengelegt, 1960 dann zum Seeheilbad erklärt. Das Seeklima einerseits, andererseits das Wald- und Moorklima sind gegensätzlich und wirken sich günstig aus. – Überaus vielfältig ist die Artenzusammensetzung des Waldes in der *Rostocker Heide.* Je nach Bodenbeschaffenheit und Staunässe wechseln naturnahe Rotbuchen-Eichenmischwälder, Waldkiefernforste und Birkenwälder oder auch unnatürliche Fichtenforste miteinander ab. – Dem Erforscher der Rostocker Heide, Dr. Ludwig Krause (1863–1924), ist der *Krause-Stein* gewidmet, der *Garthe-Stein* erinnert an Max Garthe, der von 1897 bis 1916 Forstinspektor der Rostocker Heide war.

Tourenbeschreibung Vom Parkplatz am Ortsende des *Ostseebades Graal-Müritz* in Richtung Hinrichshagen sind es etwa 300 Meter auf der Landstraße, bis nach rechts das Sträßchen zum Campingplatz Uhlenflucht abzweigt. Hier erinnert die Torfbrücke (auch Name des Ortsteils, der zu Rostock gehört) über den *Stromgraben*, an die Torftransporte, die aus den Mooren um Graal-Müritz nach Rostock erfolgten. An der Abzweigung beginnt die Wegmarkierung.

Zunächst wandern wir etwa 400 Meter auf dem Sträßchen in Richtung Campingplatz. Nach links zweigt ein breiter Waldweg ab (Wegmarkierung), dem wir durch einen Traubeneichen-Rotbuchenhochwald und einen anschließenden Fichtenbestand zu einem Wegkreuz folgen.

Auf dem nach links führenden Weg erreichen wir ohne abzuzweigen ein Wegdreieck mit einer einzeln stehenden Buche (Wegmarkierung), wandern an diesem geradeaus weiter und nach 50 Metern auf dem Hauptweg nach links, bis dieser nach rechts weiterführt. Hier liegt 50 Meter scharf nach links der Gedenkstein für Forstinspektor Garthe vor der *Reminschen Wiese.*

Zwischen dem Gedenkstein und dem Hauptweg führt ein Waldpfad gut markiert nach Osten. Auf diesem wandern wir zum *Krause-Stein*, der unter den Eichen am *Müggenburger Diek* liegt, und weiter zur Straße Hinrichshagen – Ostseebad Graal-Müritz, überqueren diese und die Bahngleise und setzen unsere Wanderung auf dem nach halblinks wegführenden Waldweg fort.

Geradeaus auf diesem Waldweg treffen wir an einem Wegkreuz auf den Teerofenweg, dem wir nach links durch den Kiefern- und anschließenden Mischwaldbestand zum Bahnübergang folgen. Auf der Landstraße nach rechts wandern wir durch *Torfbrücke* zurück zum Parkplatz am Ortseingang des *Ostseebades Graal-Müritz.*

26 Ostseebad Graal-Müritz - nördliche Rostocker Heide - Neuhaus - Ostseebad Graal-Müritz

Verkehrsmöglichkeiten Bahnverbindung von Rövershagen nach Graal-Müritz; Busverbindungen Rostock - Ostseebad Graal-Müritz, Ribnitz-Damgarten - Ostseebad Graal-Müritz.

Parkmöglichkeit In der Nähe des Bahnhofs im Ostseebad Graal-Müritz.

Wegmarkierung Vom dritten Wegkreuz (siehe Text) bis nach Neuhaus blauer Balken auf weißem Grund.

Tourenlänge 15 km.

Wanderzeit 3 1/2 Stunden.

Höhenunterschiede Keine.

Wanderkarten Wanderkarte Darß-Fischland 1 : 50 000, Tourist Verlag. - Ostseeküste, mittlerer und östlicher Teil 1 : 130 000, Haack, Gotha. - Generalkarte 1 : 200 000, Blatt 27.

Wissenswertes *Ostseebad Graal-Müritz* siehe Tour 25. - *Rostokker Heide* siehe Tour 25. - Das *Große Moor* ist ein durch die bis ins 18. Jahrhundert andauernde Torfausbeutung stark degradiertes Küstenhochmoor in einer Ortsteinwanne. Nur wenige Stellen sind noch naturnah erhalten geblieben. Die Flora des Moores ist aus den typischen Hochmoorarten zusammengesetzt. Kraniche sollen im Moor brüten und Kreuzottern sind nicht selten.

Tourenbeschreibung Wir beginnen die Wanderung am Bahnhof des *Ostseebades Graal-Müritz.* Zunächst wandern wir 300 Meter durch den Graaler Landweg, dann nach rechts auf dem Kiefernweg zu den letzten Häusern. Nach diesen führt der Weg in einem Linksbogen 300 Meter an den Tabakwiesen entlang zur Weggabelung. Wir folgen dem linken Weg und wandern nach einem Rechtsknick geradeaus, bis wir auf einen stark befahrenen Querweg stoßen. Auf diesem geht es etwa 50 Meter nach links zum Wegdreieck und an diesem nach rechts. Dem teilweise von mannshohen Adlerfarnen gesäumten Waldweg folgen wir etwa zwei Kilometer an Birken-Erlenbrüchen vorbei nur mit einer leichten Rechtskurve geradeaus über zwei Wegkreuze. Beim dritten Wegkreuz stoßen wir auf die Wegmarkierung des Fernwanderweges, dem wir nach links zur Landstraße Graal-Müritz - Klockenhagen in *Klein Müritz* folgen.

Hier geht es 50 Meter nach rechts, dann nach links in den Fischländer Weg und auf diesem geradeaus am *Haus Torfwärter* vorbei zur Landstraße Ribnitz-Damgarten - Ostseebad Dierha-

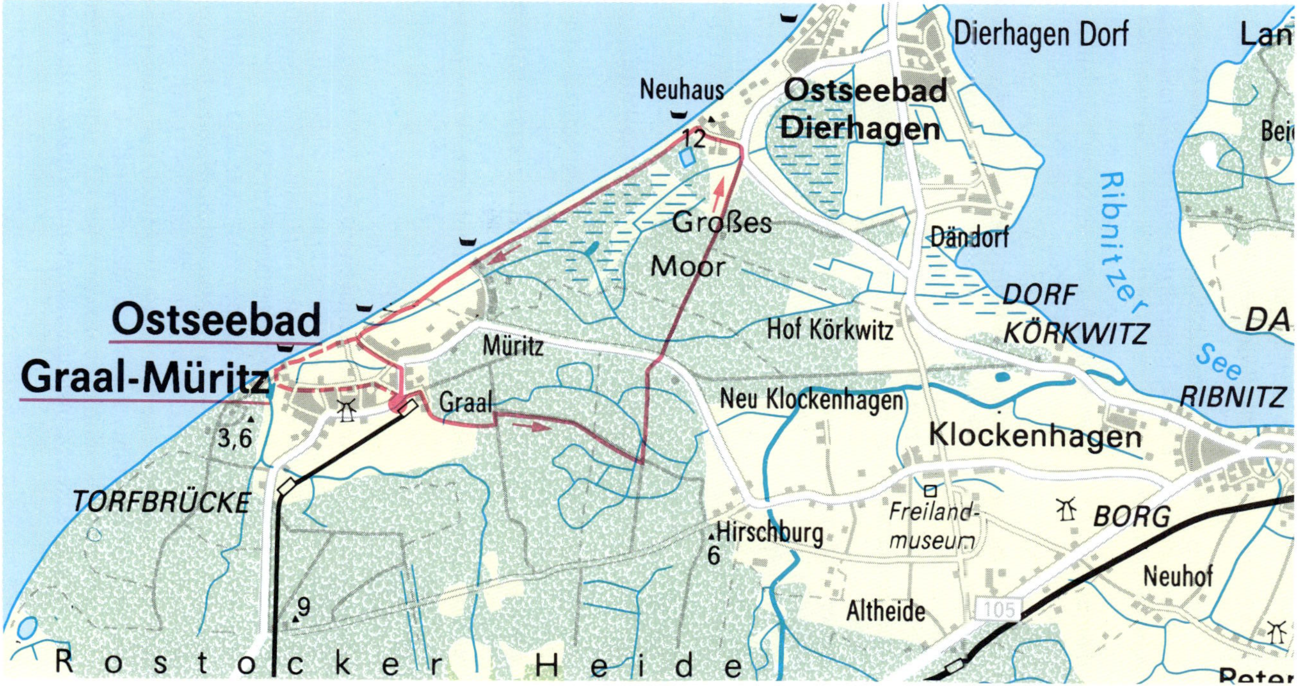

Ostseebad
Graal-Müritz
TORFBRÜCKE
3,6
9
Graal
Müritz
Neuhaus
12
Großes
Moor
Ostseebad
Dierhagen
Dierhagen Dorf
Dändorf
DORF
KÖRKWITZ
Hof Körkwitz
Neu Klockenhagen
Klockenhagen
Hirschburg
6
Freiland-
museum
BORG
Neuhof
Altheide
105
Ribnitzer
See
RIBNITZ
Rostocker Heide

gen am Ortseingang von *Neuhaus* und weiter nach links durch die Birkenallee zum Wendeplatz des Busses. Von dort wandern wir rechts am Parkplatz vorbei zur Düne.

Wir folgen dem Pfad zwischen der Düne und dem Großen Moor und haben dabei die Möglichkeit, auf dem Wanderweg (gelber Balken auf weißem Grund) in das Moor zu gehen. Unser Weg erweitert sich dann zum Fahrweg, auf dem wir zu den ersten Häusern des *Ostseebades Graal-Müritz* wandern. Vor diesen folgen wir dem Wegweiser wenige Meter in Richtung Strand. Dort beginnt der Dünenweg, der auf der Düne entlang der großen Wiese zum Café Seestern führt. Von hier aus ist es etwa ein Kilometer durch die Rosa-Luxemburg-Straße, vorbei am Rathaus, geradeaus durch das Wäldchen, danach nach rechts durch die Birkenallee zum Bahnhof.

Wer noch etwas Zeit hat, wandert vom Café Seestern auf der Strandpromenade weiter zur Gaststätte Seeblick und zum sehenswerten Rhododendronpark, von dem aus wir den Bahnhof durch den Lindenweg und über das Natursträßchen Am Wasserturm erreichen.

27 Dierhagen-Strand - Dändorf - Dierhagen-Dorf - Dierhagen-Strand

Verkehrsmöglichkeit Busverbindung Ribnitz-Damgarten - Ostseebad Dierhagen - Ostseebad Ahrenshoop - Barth.
Parkmöglichkeit In Dierhagen-Strand Parkplatz an der Ahornstraße.
Wegmarkierung Grüner Balken auf weißem Grund von Dierhagen-Strand bis Dändorf.
Tourenlänge 11 km.
Wanderzeit $2^1/_2$ Stunden.
Höhenunterschiede Keine nennenswerten.
Wanderkarten Wanderkarte Darß-Fischland 1 : 50 000, Tourist Verlag. - Ostseeküste, mittlerer und östlicher Teil 1 : 130 000, Haack, Gotha. - Generalkarte 1 : 200 000, Blatt 27.
Wissenswertes Im Anschluß an die Rostocker und Ribnitzer Heide beginnt beim *Ostseebad Dierhagen* die Halbinsel Fischland-Darß-Zingst, die hier nur eine Breite von etwa einem Kilometer hat. Zahlreiche Funde aus der Mittel- und Jungsteinzeit belegen die frühe Besiedlung der Gegend. 1311 wurde Dierhagen erstmals urkundlich erwähnt. Bis 1327 unterstanden dem Ort alle Dörfer bis Althagen auf dem Fischland. Um 1900

begann der Badebetrieb und 1934 konnte sich der Ort offiziell Ostseebad nennen. Im Jahre 1960 wurde das ehemalige Ostseebad Ribnitz als Dierhagen-Ost eingemeindet, 1965 Dändorf und Neuhaus.

Neuhaus liegt auf der höchsten Düne (13 m) in diesem Küstenabschnitt.

Tourenbeschreibung Von den Kiosken in *Dierhagen-Strand* wandern wir dem Wegweiser nach Neuhaus folgend an das Ortsende, weiter durch den Küstendünenwald vor das Hotel Fischland, wo wir die Einfahrt geradeaus überqueren. Kurz danach zweigt der Wanderweg nach rechts ab und führt durch Wald und Gebüsche nach *Neuhaus.*

Der Weiterweg führt auf dem Asphaltsträßchen (Birkenallee) nach links zur Landstraße. An dieser beginnt nach rechts der nach Klein Müritz führende Fischländer Weg, dem wir bis zum *Haus Torfwärter* folgen. Hier biegen wir nach links ab und wandern durch einen sehr schönen Kiefernwald geradeaus zur Landstraße Dierhagen - Hof Körkwitz. Wir queren diese und setzen die Wanderung geradeaus zur Fischlandstraße Ribnitz-Damgarten - Ahrenshoop fort. Auch diese überqueren wir geradeaus und gehen auf der Straße weiter zum einen Kilometer entfernten *Dändorf.* Dort, wo die Vorfahrtsstraße nach links abbiegt, bietet sich uns die Möglichkeit, geradeaus durch die Dorfstraße mit den schönen alten Seefahrerhäusern den kleinen

Zu Tour 27 **Fischer am Saaler Bodden**

Hafen zu besuchen. Die Aussicht über den Ribnitzer See nach Ribnitz-Damgarten und zum Saaler Bodden lohnt diesen Abstecher.

Von Dändorf nach *Dierhagen-Dorf* gibt es keinen Gehweg. Der Seitenstreifen an der Landstraße bietet sich für den Weiterweg an. Nach der Kirche biegt die Vorfahrtsstraße nach links ab. Auch hier lohnt sich ein Abstecher durch die Hafenstraße zum kleinen Hafen. Vom Steg reicht der Blick zur Kirche von Wustrow und über den Saaler Bodden.

Wir gehen durch den Ort in Richtung Dierhagen-Strand und überqueren die Fischlandstraße. Gleich danach zweigt nach rechts ein Geh- und Radweg ab. Wir kommen am Campingplatz vorbei, überqueren das Asphaltsträßchen und erreichen nach weiteren 300 Metern die Kioske in *Dierhagen-Strand*.

28 Ostseebad Wustrow - Hohes Ufer - Ostseebad Ahrenshoop und zurück

Verkehrsmöglichkeit Busverbindung Ostseebad Ahrenshoop - Ostseebad Wustrow (Linie Barth - Ribnitz-Damgarten).
Parkmöglichkeiten Im Ostseebad Wustrow in der Strandstraße, im Ostseebad Ahrenshoop großer Parkplatz in der Ortsmitte.
Wegmarkierung Blauer Balken auf weißem Grund (Teilstück des Fernwanderweges Zittau - Kap Arkona bzw. Seebad Ahlbeck).
Tourenlänge Einfache Wegstrecke 4 km.
Wanderzeit Einfache Wegstrecke 1 Stunde.
Höhenunterschiede Höchste Erhebung Bakelberg 18 Meter.
Wanderkarten Wanderkarte Darß-Fischland 1 : 50 000, Tourist Verlag. - Generalkarte 1 : 200 000, Blatt 27. - Ostseeküste, mittlerer und östlicher Teil 1 : 130 000, Haack, Gotha.
Wissenswertes Am Permin, der früheren Verbindung von Saaler Bodden und Ostsee, liegt das *Ostseebad Wustrow*. Dieses älteste Fischlanddorf ist eine slawische Gründung. Fischfang und Seefahrt brachten vor allem zur Zeit der Segelschiffe im 18. und 19. Jahrhundert Wohlstand in den Ort, dessen Backsteinkirche mit dem spitzen Turm als Seezeichen weithin sichtbar war. 1846 wurde hier die Seefahrtsschule gegründet, die seit 1969 Ingenieurhochschule für Seefahrt ist. Im Heimatmuseum, im Fischlandhaus, werden alte Seefahrergegenstände aufbewahrt.

Zu Tour 28, 33 **Blick über den Permin nach Barnstorf beim Ostseebad Wustrow**

Im Ortsteil Barnstorf steht noch ein niederdeutsches Hallenhaus aus der ersten Hälfte des 18. Jahrhunderts.

Der Permin war noch 1442 als Verbindung zwischen Ostsee und Saaler Bodden offen und für Handelsschiffe befahrbar. Dann versenkten Rostocker und Stralsunder Seefahrer in diesem Wasserarm alte Schiffe, um den Ribnitzern die schnelle Verbindung zur Ostsee abzuschneiden und damit die unliebsame Konkurrenz auszuschalten. 1572 war die Verbindung weitgehend versandet und wurde 1875 künstlich geschlossen. – *Ostseebad Ahrenshoop* Auf dem Hohen Fischland liegt über dem Hohen Ufer landschaftlich sehr reizvoll das im wesentlichen aus der Dorfstraße und einigen Nebenstraßen bestehende *Ostseebad Ahrenshoop.* Der Ort entstand 1760 am versandeten Darßer Kanal, der ursprünglich die Inseln Fischland und Darß voneinander trennte. Von 1648 bis 1815 bildete der Grenzgraben zwischen Ahrenshoop und Althagen die Grenze zwischen Mecklenburg und dem von Schweden besetzten Vorpommern. Am Ende des 19. Jahrhunderts kamen die ersten Maler, die dann mit ihrer Malerkolonie den Ort bekannt machten und auch Badegäste anzogen. Im Naturschutzgebiet Ahrenshooper Holz befindet sich der schönste Stechpalmenbestand an der mecklenburg-vorpommerschen Ostseeküste, der hier dank hoher Luftfeuchtigkeit ideale Bedingungen vorfindet.

Anmerkung Am Hohen Ufer ist wegen Abbruchgefahr Vorsicht geboten. Da die Küste während der Herbst- und Winterstürme ständig zurückversetzt wird, sollte jede Beschädigung des Steilufers vermieden werden.

Tourenbeschreibung Wir beginnen unsere Wanderung am Fischland Café am Strand des *Ostseebades Wustrow.* Bereits hier bietet sich ein guter Blick auf das mächtige Steilufer. Auf dem Plattenweg wandern wir in Richtung Hohes Ufer. Vor dem Militärgelände zweigt der Weg nach rechts ab, verläuft dann am Zaun entlang zu dessen nordöstlicher Begrenzung. Hier sind es 30 Meter nach rechts zum Bakelberg (18,8 m) mit sehr guter Aussicht auf die Ostsee und den Nordteil des Saaler Boddens. Der Trampelpfad führt zum Steilufer zurück und an diesem entlang (Vorsicht Abbruchgefahr!) zum Haus Windeck im *Ostseebad Ahrenshoop.* Wir wandern an diesem Haus vorbei, abwärts und weiter zur Dorfstraße und damit in den Teil des Ortes, wo er 1760 am versandeten Darßer Kanal zwischen Grenzweg und Schifferberg (14 m) entstanden ist.

Wir empfehlen, mit dem Bus zum Ostseebad Wustrow zurückzufahren. Im anderen Fall besteht, wenn man nicht die gleiche Strecke zurückwandern will, die Möglichkeit, auf dem Gehweg

Zu Tour 29, 33 **Windgepeitschte Kiefern im Westdarß**

neben der Landstraße nach *Althagen* und durch eine malerische Häusergruppe direkt zum Schilfgürtel am Bodden zu wandern. Weiter geht es zur Gaststätte Kap Zur Guten Hoffnung in *Niehagen* und auf der Landstraße etwa 1,5 Kilometer zurück zum *Ostseebad Wustrow.*

29 Ostseebad Ahrenshoop – Darß Weststrand – Altdarß – Ostseebad Ahrenshoop

Verkehrsmöglichkeit Busverbindung Ostseebad Ahrenshoop – Ostseebad Prerow.
Parkmöglichkeiten Parkplätze im Ostseebad Ahrenshoop. (Parkplatz an der Bushaltestelle Drei Eichen.)
Wegmarkierung Lückenhaft.
Tourenlänge 19 km, 12 km ab dem Parkplatz Drei Eichen.
Wanderzeit 4 1/4 Stunden, 2 3/4 Stunden ab dem Parkplatz Drei Eichen.
Wanderkarten Wanderkarte Darß-Fischland 1 : 50 000, Tourist Verlag. – Ostseeküste, mittlerer und östlicher Teil 1 : 130 000, Haack, Gotha. – Generalkarte 1 : 200 000, Blatt 27.
Wissenswertes *Ostseebad Ahrenshoop* siehe Tour 28. – Der Weststrand des *Darß* ist eine Abtragungsküste. Von hier wird Material nach Norden zum Darßer Ort verfrachtet. Im westlichen und nördlichen Teil des Darß, dem West- und Neudarß, wechseln Reffe und Riegen miteinander ab. Reffe sind die bereits verfestigten Strandwälle, meist mit alten prächtigen Baumbeständen, Riegen sind die sumpfigen Senken, in denen nach der Verlandung der ursprünglichen Seen heute ein Erlenbruch vorhanden ist. Die Reffe und Riegen sind die Besonderheit der Landschaft vor allem des Neudarß.

Tourenbeschreibung Von der Ortsmitte des *Ostseebades Ahrenshoop* wandern wir auf dem Gehweg entlang der Dorfstraße in Richtung Born, überqueren auf der Höhe des Hotels Ahrenshoop den Deich und folgen dem Fahrweg rechts der Düne durch den Vordarß und anschließend landeinwärts zum Deich zurück. Hier beginnt das Naturschutzgebiet Westdarß. Auf der befestigten Deichkrone setzen wir unsere Wanderung bis zum Holzturm fort. Hier bietet sich die Möglichkeit, zur durch die Herbst- und Winterstürme gezeichneten Küste vorzugehen.

Unsere Wanderung geht geradeaus weiter, das heißt am Turm (Rehberge) rechts vorbei durch den Küstenwald, dann 200 Meter über den Deich zum Beginn des Dünenkiefernwaldes.

Wir wandern etwa 350 Meter geradeaus durch den Wald, bis der Weg zur Düne hinführt, hier halbrechts in den Wald und auf gut erkennbarem Weg nach links zur Düne zurück, auf der die beiden windgeschorenen Kiefern stehen. Nach 30 Metern nach rechts treffen wir auf den ersten Wegweiser mit der Richtungsangabe Großer Stern. Wir folgen dem schönen Waldweg an einem Dünenkiefernwald vorbei, am folgenden Wegdreieck geradeaus, kurz darauf am Pfosten mit Wegweisern (Steinreff) nach rechts. Der Wanderweg führt durch Kiefern- und Buchenwaldgelände und über einen Wassergraben (Otterngraben) zum Mecklenburger Weg, der auf dem früheren Steilufer zwischen Alt- und Neudarß verläuft. Hier geht es nach links zum Großen Stern (Wegweiser).

Am Großen Stern folgen wir dem Biebersteig, einem Waldpfad (Wegweiser nach Born; zweiter Weg von rechts), durch einen etwas eintönigen Kiefernforst zu einem Waldweg, an diesem parallel rechts entlang zu einem Wegkreuz und hier geradeaus weiter in Richtung Born. Wir kommen durch ein

wunderschönes Wegstück (Linder Weg) mit Wacholder und Heidekraut in einem alten Kiefernwaldbestand, dann an einem Kahlschlag vorbei und weiter geradeaus zu einem Wegstern. Unser bisheriger Weg führte uns geradeaus. Nun zweigen wir nach rechts auf den breiten Waldweg ab (Wegweiser Kleiner Stern) und wandern auf diesem etwa 500 Meter zum Kleinen Stern. Hier geht es scharf nach rechts Richtung Jugendherberge Ibenhorst (Wegweiser). An der Stelle, an der die Telefonleitung nach links abgeht, gehen wir geradeaus weiter, geradeaus über ein Wegkreuz in Richtung Weststrand und an einem Kahlschlag vorbei zum Küsterweg, dann auf diesem nach links zum 1,2 Kilometer entfernten Parkplatz Drei Eichen.

Um nicht auf der stark befahrenen Landstraße zum Deich wandern zu müssen, nehmen wir zunächst etwa 300 Meter den Weg zum Großen Stern (Wegweiser) zurück in den Wald. Am folgenden Wegkreuz erreichen wir nach links nach etwa 700 Metern den Deich. Auf diesem geht es nach links auf dem bekannten Weg zurück zum *Ostseebad Ahrenshoop.*

Wer die Wanderung am Parkplatz Drei Eichen beginnt, wandert wie zuletzt beschrieben 300 Meter Richtung Großer Stern und dann nach links zum Deich und auf diesem nach rechts zum Holzturm.

30 Ostseebad Prerow - Darßer Ort - Leuchtturm - Ostseebad Prerow

Verkehrsmöglichkeit Busverbindung Barth - Ostseebad Zingst - Ostseebad Prerow - Ostseebad Ahrenshoop - Ribnitz-Damgarten.
Parkmöglichkeiten Im Ostseebad Prerow in der Waldstraße und am Ortsausgang in Richtung Zeltplatz Prerow.
Wegmarkierung Lückenhaft.
Tourenlänge Etwa 11 km. **Wanderzeit** 2 3/4 Stunden.
Höhenunterschiede Keine nennenswerten.
Wanderkarte Wanderkarte Darß-Fischland 1 : 50 000, Tourist Verlag.
Wissenswertes Das *Ostseebad Prerow* liegt auf dem Neudarß. Man spricht von Prerow auch vom Seebad im Grünen, weil der Ort sehr weiträumig angelegt wurde. Diese Anlage beruht auf den geologischen Gegebenheiten des Neudarß. Es war nur möglich, auf den Reffen, den trockenen Strandwällen, zu siedeln, da sich die feuchten Senken, die Riegen, hierzu nicht eignen.

Zu Tour 30 **Naturschutzgebiet Darßer Ort**

Das alte Seefahrer- und Fischerdorf mit seiner ursprünglich bäuerlichen Bevölkerung war von 1648 bis 1815 schwedisch. Im 19. Jahrhundert erreichte die Seefahrt in Prerow ihre Blütezeit. Nicht weniger als 106 Schiffskapitäne wurden von 1853 bis 1910 im Ort gezählt. Viele ihrer Häuser prägen noch heute das Erscheinungsbild des Ortes. Mit dem Untergang der Segelschifffahrt kam die wirtschaftliche Not, die erst wieder durch den aufkommenden Badebetrieb eingedämmt werden konnte. Zwei Jahre nach der verheerenden Sturmflut im Jahre 1872 wurde der Prerowstrom, der bis dahin den Bodstedter Bodden mit der Ostsee verband, von der Ostsee abgetrennt. Empfehlenswert ist ein Besuch des Darß-Museums in der Waldstraße 28 und der in den Jahren 1726 bis 1728 erbauten Seemannskirche. – Die *Naturschutzgebiete Westdarß und Darßer Ort* umfassen 1130 Hektar Fläche und neun Kilometer Strandlänge. Sie stehen seit 1957 unter Schutz. Am Darßer Ort findet natürliche Landwerdung statt. Die Spitze des Darßer Ortes ist in den letzten 300 Jahren etwa vier Kilometer nach Nordosten gewachsen. Das Material stammt vom Westdarß und von den weiter westlich gelegenen Steilufern. Die beiden Strandseen vor der Spitze, der Libbert- und der Otto-See, entstanden erst nach der Jahrhundertwende. Sie liegen zwischen einem alten Strandwall und einer neu entstandenen Sandbank in einer Riege (feuchte Senke), die verlanden und in der danach ein Erlenbruch aufkommen wird. Auf den trockenen Strandwällen (Reffen) bilden sich Weißdünen, die später zu Braundünen mit einer Vegetationsentwicklung zu Kiefern- und Rotbuchenwäldern werden. Die waldfreien Teile am Darßer Ort sind weniger als 200 Jahre alt. Sehr schön sind auch die Silbergrasfluren mit den Flechtenbeständen. – Der Leuchtturm mit 35 Metern Höhe gehört zu den ältesten Leuchtfeueranlagen an der Ostseeküste Mecklenburg-Vorpommerns.

Anmerkung Im Gebiet des Darßer Ortes sollten die Wege auf keinen Fall verlassen werden, da die bodenbedeckende Vegetation sehr empfindlich gegen Tritte ist. Von den Aussichtstürmen bieten sich gute Möglichkeiten die Vogelwelt zu beobachten.

Tourenbeschreibung Wir beginnen unsere Wanderung im *Ostseebad Prerow* im Bernsteinweg, den wir von der Ortsmitte über die Waldstraße erreichen. Gegenüber Küsters Allee beginnt der *Leuchtturmweg.* Dieser führt zunächst schräg durch den Wald, dann immer geradeaus (nur mit einer auseinandergezogenen Rechts-Links-Kurve) an einem herrlichen Dünenkiefernwald entlang, bis er auf ein Betonplattensträßchen trifft. Diesem folgen wir etwa 400 Meter nach rechts in Richtung Zeltplatz Prerow zum Hinweisschild auf die Naturschutzgebiete Westdarß

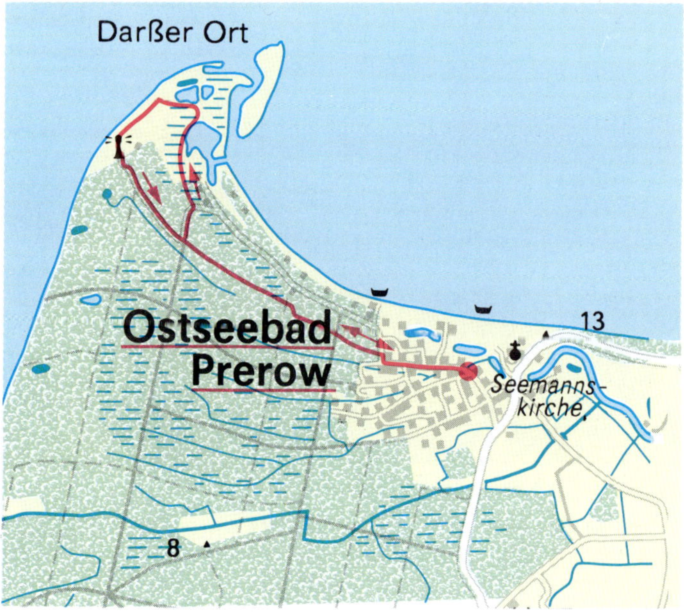

und Darßer Ort. Am Schild geht es nach links in das Naturschutzgebiet.

Durch ein Waldstück und über Grünland gelangen wir zu einem Graben, der geradeaus auf Betonplatten gequert wird. Auf einem alten Dünenkamm wandern wir rechts am Kiefernwäldchen entlang zur Aussichtsplattform. Vor uns liegen die beiden Strandseen, die Spitze des *Darßer Ortes* und die *Bernsteininsel.*

Auf dem eingefaßten Weg geht es nach links über den alten Dünenwall mit lockerem Kiefernbestand und einer Silbergrasformation mit Flechten sowie Krähenbeeren zur Düne vor dem Strand, die gänzlich mit Strandhafer bewachsen ist. Hier befindet sich eine weitere Aussichtsplattform.

Am Strand entlang erreichen wir den *Leuchtturm*, wobei wir die Düne erst auf der Höhe der Häuser überqueren. Sollte das Tor zum Leuchtturmgelände geschlossen sein, muß das Gelände etwa 100 Meter weiter südlich auf dem ausgewiesenen Strandweg umgangen werden.

Rechts am Leuchtturm vorbei kommen wir zum Betonplattensträßchen in Richtung Prerow. Diesem folgen wir an das Ende einer eingezäunten Kiefernschonung, dann noch etwa 30 Meter

Zu Tour 30 **Im Naturschutzgebiet Darßer Ort**

weiter in den Wald. Hier beginnt rechts ein schöner Waldpfad, der parallel zum Sträßchen zu der Stelle führt, an der das Sträßchen nach links abbiegt. Von hier aus wandern wir auf dem uns schon bekannten Leuchtturmweg geradeaus zurück zum *Ostseebad Prerow.*

31 Ostseebad Zingst - Kleine Wiek - Ostseebad Zingst

Verkehrsmöglichkeit Busverbindung Barth - Ostseebad Zingst - Ostseebad Prerow - Ribnitz-Damgarten.
Parkmöglichkeiten Parkplätze im Ostseebad Zingst am Ortsausgang in Richtung Müggenburg.
Wegmarkierung Ostseebad Zingst - Müggenburg, Kleine Wiek - Betonplattenstraße grüner Balken auf weißem Grund.
Tourenlänge 15,5 km.
Wanderzeit $3^1/_2$ Stunden.
Höhenunterschiede Keine.
Wanderkarte Wanderkarte Darß-Fischland 1 : 50 000, Tourist Verlag.
Wissenswertes Auch beim *Ostseebad Zingst*, mit etwa 3500 Einwohnern der größte Ort der Halbinsel, folgen die Straßenzüge den Riegen und Reffen. Sie verlaufen hier in Nord-Süd-Richtung.

Sehenswert sind einige gut erhaltene Bauern-, Seemanns- und Kapitänshäuser sowie die turmlose Backsteinkirche, die 1862 nach einem Entwurf des Schinkel-Schülers F. A. Stüler fertiggestellt wurde.

Zingst (von slawisch Zeno = Heu abgeleitet) war ursprünglich eine Insel. Nach der Sturmflut im November 1872 wurde der Prerowstrom geschlossen. – Die *Sundische Wiese*, einst durch winterliche Hochwasser regelmäßig überschwemmt, entstand durch Eindeichung und ausgedehnte Entwässerungsmaßnahmen.

Anmerkung Die Wanderung kann auch vom Waldparkplatz bei Zingst 1 (s. Karte) begonnen werden. Gesamtstrecke dann 10 Kilometer.

Tourenbeschreibung Am Ortsausgang des *Ostseebades Zingst* wandern wir zunächst auf der befestigten Deichkrone in Richtung Müggenburg, bis die Straße nach Müggenburg nach rechts abbiegt. Nun geht es auf dem Natursträßchen am Deich entlang an den *Ferienanlagen Zingst-Ost* vorbei, bis vor dem Schild Zingst 1 ein Plattenweg nach rechts abzweigt (Wegmarkierung). Auf diesem durchqueren wir zuerst einen schönen Buchenhochwald und folgen dann dem Weg zwischen Osterwald und Stram-

minke geradeaus weiter durch einen Birkenbruch. Hier können wir sehr gut die Entwässerungsbemühungen erkennen, die dieses Stück Land entstehen ließen. Auf dem Plattensträßchen erreichen wir die Landstraße an der LPG in *Müggenburg.*

Nun geht es nach links der Landstraße entlang zur Kleinen Wiek (2,3 km). Bevor wir den Grenzgraben überqueren (rechts steht im Graben ein grüner Schuppen mit einer Wassersperranlage), sollten wir auf dem Deich etwa 100 Meter nach rechts zum Grenzstein vorgehen. Zusammen mit anderen Grenzsteinen am Grenzgraben markierte er die frühere Grenze zwischen dem Barther und dem Stralsunder Besitz. Auf dem Grenzstein ist deutlich der Dreistrahl, das Stralsunder Wappen, zu erkennen. Weit schweift hier der Blick über die Kleine Wiek und den Barther Bodden. Bei guter Sicht ist der Kirchturm von Barth, einst eine Landmarke für Seefahrer, zu erkennen.

Auf der Landstraße wandern wir noch etwa 500 Meter weiter und folgen dann dem Waldweg nach links (Wegmarkierung) zu einem Betonplattensträßchen (etwa 2 km). Auf dieses biegen wir nach links ein. Es geht bald in einen Sandweg über, der direkt zum Deich und zur Düne führt. Vor dem Deich nehmen wir den Weg nach links und wandern am Deich entlang zur Landstraße und auf der befestigten Deichkrone zum *Ostseebad Zingst.*

32 Tannenheim bei Barth - Fuhlendorf - Bodstedt - Tannenheim bei Barth

Verkehrsmöglichkeiten Bahnverbindung Velgast - Barth; Busverbindungen Barth - Ostseebad Zingst, Barth - Bodstedt - Fuhlendorf - Ribnitz-Damgarten.
Parkmöglichkeit Parkplatz am Tannenheim an der Straße Barth - Bodstedt.
Wegmarkierung Tannenheim - Wundereiche grüner Balken auf weißem Grund, Fuhlendorf - Bodstedt gelber Balken auf weißem Grund.
Tourenlänge 13,5 km. **Wanderzeit** 3 Stunden.
Höhenunterschiede Keine.
Wanderkarten Wanderkarte Darß-Fischland 1 : 50 000, Tourist Verlag. - Generalkarte 1 : 200 000, Blatt 27. - Ostseeküste, mittlerer und östlicher Teil 1 : 130 000, Haack, Gotha.
Wissenswertes Das *Barther Stadtholz* ist ein ausgedehntes, abwechslungsreiches Waldgebiet. - Die spätgotische Kirche in *Bodstedt* wurde 1388 erbaut.

Tourenbeschreibung Wir beginnen unsere Wanderung durch das Barther Stadtholz und zum Bodstedter Bodden am Parkplatz am *Tannenheim.* Vom Zentrum in Barth sind es bis hierher etwa drei Kilometer entlang der Landstraße in Richtung Bodstedt.

Nach wenigen Metern kommen wir zum Bahnübergang am ehemaligen Bahnhof Tannenheim (Wegmarkierung), auf dem Weg halbrechts nach etwa 400 Metern nach *Planitz.* Hier überqueren wir schräg die von rechts kommende Straße, folgen der Asphaltstraße, die am Ende der LPG in ein Natursträßchen übergeht und dann durch das Waldgebiet führt.

Etwa 50 Meter vor der auf der linken Straßenseite stehenden Wundereiche zweigen wir vom Hauptweg nach rechts ab, wandern zwischen einer Kiefernanpflanzung und einem Fichtenforst hindurch in ein Birkenwäldchen. Der Weg führt weiter geradeaus ohne abzuzweigen, teilweise über Betonplatten, an Lichtungen vorbei, bis wir kurz nach einer Rechtskurve auf ein Asphaltsträßchen treffen. Diesem folgen wir nach links zu einer Siedlung, geradeaus an den Häusern vorbei und auf dem Betonplattensträßchen etwa 200 Meter in den Wald. Hier zweigt nach rechts ein Waldweg ab (am Ende einer Stromleitung, die aus Fuhlendorf kommt), auf dem wir geradeaus ohne abzuzweigen durch das ehemalige Sperrgebiet zu einem Wegstern an den Wochenendhäusern von *Fuhlendorf* kommen.

Am Wegstern führt unser Wanderweg nach rechts (Wegmarkierung). Wir folgen dem Weg durch den Wald ohne abzuzweigen zum Ortsrand von *Bodstedt**. Geradeaus auf dem Plattensträßchen (Grüne Straße) sind wir schnell am kleinen Hafen und bei der Kirche und über den Weg an der Kirche durch den Schilfgürtel am Strand. Eine ruhige, einfache Boddenlandschaft erwartet uns hier.

*Unser Weiterweg führt uns an dieser Stelle scharf nach rechts in den Wald. Nach etwa 400 Metern treffen wir auf ein Wegkreuz mit einer einzeln stehenden Eiche und einem Wegstein. Es geht nach links, zunächst auf dem breiten Waldweg, dann weiter geradeaus an zwei Häusern vorbei auf einen Weg, der durch einen schönen Wacholderwald führt. Geradeaus erreichen wir die Landstraße von Bodstedt nach Barth. Rechts neben dieser folgen wir dem Gehweg immer geradeaus zum Ausgangspunkt am *Parkplatz Tannenheim* zurück (2,2 km).

33 Warnemünde - Ostseebad Graal-Müritz - Ostseebad Ahrenshoop - Ostseebad Zingst - Barth

Verkehrsmöglichkeiten Bahnverbindungen Rostock - Warnemünde (Rostocker S-Bahn), Rostock - Rövershagen - Ribnitz-Damgarten - Velgast - Stralsund, Rövershagen - Graal-Müritz, Velgast - Barth; Busverbindungen Rostock - Hinrichshagen - Markgrafenheide - Hohe Düne/Fähre, Rostock - Ostseebad Graal-Müritz, Ribnitz-Damgarten - Klockenhagen - Ostseebad Graal-Müritz, Ribnitz-Damgarten West - Ostseebad Dierhagen - Ostseebad Ahrenshoop - Born - Ostseebad Prerow - Ostseebad Zingst - Barth.
Parkmöglichkeiten In Warnemünde in der Parkstraße und beim S-Bahnhof Warnemünde-Werft, im Ortsbereich Hohe Düne. (In Barth nahe des Zentrums an der Straße zum Ostseebad Zingst.)
Wegmarkierung Hohe Düne bis vor die Bushaltestelle Schnatermann Weg vor Hinrichshagen und Klein Müritz - Stralsund blauer Balken auf weißem Grund (Teil des Fernwanderweges Zittau - Kap Arkona bzw. Seebad Ahlbeck). Diese Wegmarkierung ist im Darß, in den Ostseebädern Prerow und Zingst und in Barth lückenhaft. Die weitere Wegmarkierung ist im Text erwähnt.

Tourenlänge 72 km.
Wanderzeit 16 Stunden (2 Tage).
Höhenunterschiede Keine nennenswerten.
Bademöglichkeiten Markgrafenheide, Ostseebad Graal-Müritz, Dierhagen-Strand, Ostseebad Wustrow, Ostseebad Ahrenshoop, Ostseebad Prerow, Ostseebad Zingst.
Wanderkarten Wanderkarte Darß-Fischland 1 : 50 000, Tourist Verlag. – Generalkarte 1 : 200 000, Blatt 27. – Ostseeküste, mittlerer und östlicher Teil 1 : 130 000, Haack, Gotha.
Wissenswertes *Warnemünde* siehe Tour 21. – *Ostseebad Graal-Müritz* siehe Tour 25. – *Ostseebad Ahrenshoop* siehe Tour 28. – *Ostseebad Wustrow* siehe Tour 28. – *Ostseebad Zingst* siehe Tour 31. – *Barth* Der 87 Meter hohe Turm der mächtigen gotischen Backsteinkirche Sankt Marien in *Barth* dient seit Jahrhunderten den Seeleuten als Orientierungspunkt. Die erstmals 1314 erwähnte Kirche wurde 1856 von F. A. Stüler innen restauriert.

In einer Ausstellung wird eines der letzten Exemplare der 1588 in Barth gedruckten niederdeutschen Bibeln gezeigt.

Der Ort wurde nach 1200 in der Nähe der Burg der Fürsten von Rügen gegründet und 1225 erstmals erwähnt. 1226 erhielt er lübisches Stadtrecht, wurde aber nicht Mitglied der Hanse. Nach dem Dreißigjährigen Krieg kam die Stadt zu Schweden, 1815 zu Preußen. Handel, Schiffahrt und Schiffbau erlebten ihre Blütezeit in der Mitte des 19. Jahrhunderts. Barth war damals einer der größten Segelschiffhäfen Preußens.

Sehenswert ist neben der Sankt Marienkirche u. a. der Dammtorturm aus dem 14. Jahrhundert, der als einziger von vier Tortürmen von der ehemaligen Stadtbefestigung übriggeblieben ist.

Tourenbeschreibung Bevor wir in die großartige Landschaft der Halbinsel Fischland-Darß-Zingst gelangen, gilt es, die weite nördliche Rostocker Heide zu durchwandern, ein Sandergebiet, das durch sehr abwechslungsreiche Waldbestände geprägt ist.

Vom S-Bahnhof *Warnemünde* gelangen wir durch die Bahnunterführung zur Fähre, die uns zum Ortsteil *Hohe Düne* bringt. Von hier wandern wir der Landstraße oder nach den letzten Häusern am Strand entlang nach *Markgrafenheide* und durch den Ort in Richtung Hinrichshagen. 100 Meter nach dem Ortsendeschild zweigt der Fernwanderweg (blauer Balken auf weißem Grund) nach rechts ab. Diesem folgen wir durch den Wald zur Abzweigung zur Oberhäger- oder Postwiese (große Lichtung). 50 Meter danach zweigt der Fernwanderweg wiederum nach rechts ab. Hier beginnt ein lohnender Rundkurs, der am Naturschutzgebiet Schnatermann vorbei über Stuthof zum gleich beschriebenen Parkplatz* führt (vgl. Wanderung 24).

Wer diese Wanderung nicht durchführt, wandert hier geradeaus dem Wegweiser gelber Balken auf weißem Grund folgend in Richtung Hinrichshagen. Nach 100 Metern trifft der Fernwanderweg wieder auf die Route. Hier geht es nach links zum Parkplatz* an der Bushaltestelle Schnatermann Weg an der Straße nach Hinrichshagen, der wir etwa 150 Meter nach rechts in Richtung Hinrichshagen folgen. (Der Fernwanderweg führt hier auf der Straße weiter nach Hinrichshagen, dann über Wiethagen, Gelbensande, Neu Hirschburg, Klein Müritz nach Neuhaus. Dort trifft er wieder auf unsere Route.)

Am Wegweiser zum Jäger-Brandt-Kreuz verlassen wir die Landstraße nach links (Wegmarkierung gelber Balken auf weißem Grund). Nach etwa 250 Metern zweigt in einer Rechts-Links-Kurve der markierte Wanderweg nach rechts ab. Wir bleiben hier auf dem stärker befahrenen Waldweg nach links. Auf diesem geht es an einem Wegkreuz geradeaus, an einer links

Ostseebad
Graal-Müritz
TORFBRÜCKE
Müritz
Graal
Neuhaus
Ostseebad
Dierhagen
Dierhagen Dorf
Großes
Moor
Dändorf
DORF
KÖRKWITZ
Hof Körkwitz
Neu Klockenhagen
Klockenhagen
Ribnitzer
See
RIBNITZ
PÜTNITZ
DAMGARTEN
Langendamm
Beiershagen
Kückenshagen
Dechowshof
TEMPEL
Plummer
Recknitz
RIBNITZ-
DAMGARTEN
FREUDENBERG
Carlewitz
Bookhorst
Petersdorf
Neuhof
BORG
Freiland-
museum
Hirschburg
Altheide
R o s t o c k e r   H e i d e
Bf.Georg-Schneise
Gelbensande
E22
105
Willershagen
Ehmkenhagen
Kuhlrade
Poppendorf
Neu Popp
Barthels-
hagen I
Rostocker
Wulfshagen
Bf. Schwarzenpfost
Bf. Hinrichshagen
Wiet-
hagen
HINRICHS-
HAGEN
MARK-
GRAFENHEIDE

Ostseebad Ahrenshoop
Althagen
Niehagen
Ostseebad Wustrow
Barnstorf
Fischland
Saaler Bodden
Dierhagen Ost
Dierhagen Strand
Dierhagen Dorf
Neuhaus
Ostseebad Dierhagen
Langendamm
Beiershagen
Kückenshagen
Dechowshof
Neuendorfer
Bülten
Neuendorf Heide
Eichort
Bliesenrade
Bodden
Bodstedt
BARTH-TANNENHEIM
Reden-see
Jarkvitz
Fuhlendorf
PLANITZ
Barther
Stadtholz
Hermannshagen Heide
Neuendorf
Hermannshagen Dorf
Kronsberg
Gäthkenhagen
Bresewitz
Barthe
Hermannshof
Spoldershagen
Saal
Hessenburg
Lüdershagen
Martenshagen
Saaler Bach
Bartelshagen II
Lüdershagen Heide
Heidberg
Neudorf
Langenhanshagen
Wiepkenhagen
Neuhof
105

liegenden Baumschule vorbei, immer weiter ohne abzuzweigen am links liegenden Naturschutzgebiet Hütelmoor entlang und auf dem Kellerheidenweg zum Asphaltsträßchen.

Auf dem Asphaltsträßchen wandern wir nach rechts, bis dieses nach etwa 1,5 Kilometern nach rechts zur Landstraße Hinrichshagen - Ostseebad Graal-Müritz abbiegt. An diesem Wegkreuz nehmen wir den rechten der beiden nach links abbiegenden Wege (nahezu geradeaus, Wegmarkierung grüner Balken auf weißem Grund bis Heuweg). Nach 300 Metern führt ein Weg zum Gedenkstein für den Forstinspektor Garthe vor der Reminschen Wiese. Wir folgen dem Hauptweg nach links, bis er nach einer Rechtskurve auf eine Kiefernaufforstung an einem Wegdreieck stößt, an dem wir geradeaus weiterwandern (Wegmarkierung an einer Buche). Wir bleiben auf dem stark befahrenen Waldweg bis zum nächsten Wegkreuz (etwa 1,5 km). An diesem geht es nach rechts durch einen Fichtenforst, dann durch einen schönen Rotbuchen-Traubeneichenwald zum Asphaltsträßchen, das Torfbrücke mit dem Campingplatz Uhlenflucht verbindet. Nach 100 Metern nach links verlassen wir das Asphaltsträßchen nach rechts, wandern auf dem Heuweg und durch die Feriensiedlung bis vor den Strand.

Nun folgen wir dem Weg nach rechts über eine Brücke über den hier zu einem kleinen See aufgestauten Stromgraben und kommen zum Rhododendronpark des *Ostseebades Graal-Müritz.* Ein Besuch des Parks lohnt sich. - Unsere Wanderung führt uns zur 100 Meter entfernten Gaststätte Seeblick am Strand, weiter auf dem Dünenweg an der Gaststätte Seestern vorbei zwischen der Düne und der Großen Wiese, bis mit dem Ende der Strandpromenade auch das Ortsende von Graal-Müritz erreicht ist. Wir wandern zunächst auf dem Fahrweg, dann auf dem Pfad zwischen Düne und Großem Moor, einem Küstenhochmoor, in dem der Kranich brütet, nach *Neuhaus.* Dort, wo die Birkenallee endet, treffen wir wieder auf den Fernwanderweg (Wegmarkierung blauer Balken auf weißem Grund).

Weiter geht es in den Weg Zwischen den Kiefern, durch das Gelände des Betriebsferienheims und wieder auf dem Weg Zwischen den Kiefern gut markiert in Küstennähe entlang, an der Einfahrt des Hotels Fischland vorbei und durch den schönen Küstendünenwald zu den Kiosken in *Dierhagen-Strand.*

Von hier führt der Wanderweg leicht rechts auf Platten weiter. Nach etwa 300 Metern geht es auf dem Asphaltsträßchen, dem Wegweiser nach Ahrenshoop folgend, nach links und geradeaus weiter zu einem Hotelkomplex. Auf dem Fischländer Weg wandern wir nun geradeaus durch das Niedere Fischland. Der

Ostseebad Prerow
Ostseebad Zingst
Seemannskirche
13
Müggenburg
Z
8
0,3
Schmidt-Bülten
0,2
Große Kirr
Rehberge
7
D a r ß
Drehbrücke
1,7
Oie
Bülten
Wieck
Bodstedter Bodden
Barther Bodden
6
Born
Bliesenrade
1,6
Pruchten
Ostseebad Ahrenshoop
BARTH-TANNENHEIM
Althagen
1,1
Bodstedt
17
Eichort
Reden-see
Jarkvitz
Fuhlendorf
PLANITZ
Niehagen
Neuendorfer Bülten
11
Barther Stadtholz
BARTH
0,8
4
(5)
Ostseebad Wustrow
Barnstorf
Neuendorf Heide
Hermannshagen Heide
32

Zu Tour 29, 33 **Wanderweg im Altdarß**

Weg quert nach etwa einem Kilometer die Deichkrone und führt links abwärts durch eine Feriensiedlung, danach leicht nach links auf dem Sträßchen An der Düne parallel zum Deich, bis das Sträßchen nach rechts abbiegt. Wir gehen geradeaus auf einem schmalen Pfad weiter und queren die Deichkrone. Es geht zwischen den Ferienhäusern und dem Deich zum Leuchtturm, dann zwischen Deich und Zaun auf einem schmalen Pfad, bis wir an einem Surfshop die Deichkrone erreichen. Von hier sind es wenige Meter nach links zum Küstengebüsch, an diesem entlang zum Dünenweg an der neuen Windmühle (Stromerzeugung).

Hier war früher der Saaler Bodden über den Permin mit der Ostsee verbunden. Während der Zeit der Hanse wurden hier Schiffe versenkt, um Ribnitz vom Meer abzuschneiden. Das Gebiet versandete und heute ist der Permin durch eine Düne von der Ostsee getrennt.

Über diese wandern wir zum Fischland-Café am Rand des *Ostseebades Wustrow.* Hier bietet sich die Möglichkeit, über die Strandstraße zur Ortsmitte des Ostseebades Wustrow zu gelangen.

Auf dem Plattenweg auf der Düne wandern wir in Richtung Hohes Ufer, das aus einer mächtigen Geschiebemergeldecke aufgebaut ist. Vor dem Militärgelände geht es nach rechts und am Zaun entlang bis zu dessen nordöstlicher Begrenzung. Hier sind es 30 Meter nach rechts zum Bakelberg (18,8 m, trigonometrischer Vermessungspunkt) mit sehr schöner Aussicht auf die Ostsee und den Nordteil des Saaler Boddens. Der Trampelpfad führt zum beeindruckenden Steilufer zurück und an diesem entlang (Vorsicht Abbruchgefahr!) zum Haus Windeck im *Ostseebad Ahrenshoop.*

Wir wandern am *Haus Windeck* vorbei nach links abwärts und auf dem Sträßchen zur Dorfstraße, der eigentlichen Hauptstraße von Ahrenshoop. Dieser folgen wir etwa 1,5 Kilometer nach links zum Hotel Ahrenshoop, wo der Wanderweg von der Landstraße nach Born nach links über den Deich zur Düne abzweigt. Über einen Fahrweg entlang der Düne und wieder landeinwärts gelangen wir über den Vordarß zurück zum Deich. Hier, am Beginn des Naturschutzgebietes Westdarß, endet die Wegmarkierung blauer Balken auf weißem Grund.

Von hier aus können wir zur Jugendherberge Born/Darß (Ibenhorst) gelangen. Auf der Landstraße geht es zum Parkplatz Drei Eichen, dann 1,2 Kilometer in Richtung Prerow, nach rechts in Richtung Born (Wegweiser Jugendherberge) und nach etwa 500 Metern nach rechts. Es gibt auch eine Bushaltestelle am Zugang zur Jugendherberge.

Unser Weiterweg führt uns auf der befestigten Deichkrone an das Ende des Deiches an einem Holzturm. Hier haben wir die Möglichkeit, zur Düne vorzugehen und einen Blick auf den von den Herbst- und Winterstürmen zerzausten Weststrand zu werfen.

Am Turm geht es rechts (geradeaus) vorbei, dann folgt wieder ein Deichstück, an dessen Ende etwa 350 Meter geradeaus in den Dünenkiefernwald, der zur Düne hinführt. Hier wandern wir halbrechts in den Wald zurück und auf gut erkennbarem Weg nach links zur Düne. Nach 30 Metern nach rechts treffen wir auf den ersten Wegweiser mit der Richtungsangabe Großer Stern. Wir folgen dem schönen Waldweg an einem Dünenkiefernwald vorbei, am folgenden Wegdreieck geradeaus und kurz darauf am Pfosten mit den Wegweisern nach rechts. Durch Kiefern- und Buchenwaldbestände und über einen Wassergraben erreichen wir den Mecklenburger Weg, auf dem wir nach links zum Großen Stern (Wegweiser) und geradeaus weiter ohne abzuzweigen zum *Peters Kreuz*, einem Wegstern, kommen.

Der Weg vom Strand zum Großen Stern führt uns durch die für den West- und Neudarß charakteristischen Reffe, die heute mit Kiefern- und Buchenwäldern bestandenen früheren Strandwälle, und die Riegen, die sumpfigen Senken, in denen Erlenbrüche vorherrschen.

Vom Peters Kreuz wandern wir auf dem Weg nach links (Wegweiser Prerow) geradeaus durch die verschiedenen Waldformationen, bis wir etwa 500 Meter vor dem Zeltplatz Prerow auf einen Dünenkiefernwald treffen, der sicher zu den schönsten an der Ostsee gehört. Wir hätten schon vorher die Möglichkeit gehabt, nach Prerow abzuzweigen, aber der kleine Umweg lohnt sich. Vor diesem Kiefernwald folgen wir dem Weg nach rechts, der zum Bernsteinweg führt. Durch die Waldstraße am Darß-Museum vorbei und durch die Strandstraße erreichen wir den südlichen Ortsteil des *Ostseebades Prerow*. Vorher lohnt sich ein kurzer Gang durch die Straße Im Schüning über den Prerow-Strom zum Strand.

Nach der Tankstelle geht es nach links über den Prerow-Strom zur Landstraße zum Ostseebad Zingst. Ab dem Ortsende besteht die Möglichkeit, auf der befestigten Deichkrone zu wandern, dann links unterhalb der Deichkrone, bis diese wieder ab der Abzweigung nach Barth befestigt ist. Wir folgen dem Deich zum Kurhaus im *Ostseebad Zingst*. Etwa 300 Meter geradeaus weiter liegt die Jugendherberge.

Um nach Barth zu kommen, folgen wir der Vorfahrtsstraße (Strandstraße) und gehen durch die nach rechts abzweigende

Bahnhofstaße zum stillgelegten Bahnhof. Vor diesem geht es nach links Richtung Waldhaus Freesenbruch, nach 150 Metern vor einer Hecke nach rechts und nach weiteren 30 Metern nach links. Wir wandern nun auf der alten Bahntrasse (Wegmarkierung blauer Balken auf weißem Grund) ohne abzuzweigen zur Landstraße nach Barth, überqueren diese in gerader Fortsetzung unseres Weges und erreichen auf dem alten Bahndamm die alte Eisenbahnbrücke (Meiningenbrücke) bei Timmort, die über die Verbindung zwischen dem Bodstedter Bodden und dem Barther Bodden führt.

Nach der Meiningenbrücke verläuft unser Weiterweg rechts der alten Schienentrasse nach *Pruchten.* Kurz vor Pruchten überqueren wir die Bahngleise und wandern dann parallel zur Bahn zum Bahnhof, nach diesem nach rechts über den Bahnübergang und nach weiteren 20 Metern nach links auf den Radweg nach Barth. Entlang der Eisenbahntrasse geht es weiter zur Landstraße, die von Bodstedt nach Barth führt.

Nach links erreichen wir auf dem Geh- und Radweg das Zentrum von *Barth.* Schon aus einiger Entfernung erkennen wir das einzige erhaltene Stadttor (Dammtor) und den mächtigen 87 Meter hohen Kirchturm. Hier in Barth beenden wir unsere Etappe, die uns durch einen der – in bezug auf die Landentstehung – bedeutendsten Landschaftsabschnitte an der Ostsee führte.

Zu Tour 34 **Die Klappbrücke über den Ryck bei Eldena**

Hinweis Für diejenigen, die es sich zum Ziel gesetzt haben, die Wanderung vollständig zum Kap Arkona oder zum Seebad Ahlbeck durchzuführen, möchten wir folgenden Vorschlag unterbreiten. Die Abschnitte von Stralsund zum Kap Arkona werden in den Streckenwanderungen 40, 44, 45, 46, 48 und 49, die von Wolgast zum Seebad Ahlbeck in den Streckenwanderungen 56 und 57 beschrieben.

34 Barth - Stralsund - Greifswald - Wolgast

Verkehrsmöglichkeiten Bahnverbindungen Velgast - Barth mit Anschluß von Stralsund, Stralsund - Greifswald, Greifswald - Züssow - Wolgast.
Wegmarkierung Die Route folgt zwischen Flemendorf und Groß Kordshagen, zwischen Preetz und Stralsund und zwischen Stralsund und Wolgast dem Fernwanderweg Zittau - Seebad Ahlbeck (Wegmarkierung blauer Balken auf weißen Grund).
Tourenlänge 28 km bis Stralsund, 59 km bis Greifswald, 94 km bis Wolgast (Greifswald - Wolgast 35 km).
Wanderzeit $6^1/_2$ Stunden bis Stralsund, $13^1/_2$ Stunden (2 Tage) bis Greifswald, 21 Stunden (3 Tage) bis Wolgast (Greifswald - Wolgast 8 Stunden).
Höhenunterschiede Zwischen Barth und Flemendorf insgesamt etwa 50 Meter, sonst keine nennenswerten Höhenunterschiede.
Wanderkarten Touristenkarte Rügen-Hiddensee 1 : 100 000, Tourist Verlag. - Touristenkarte Usedom-Haffküste 1 : 100 000, Tourist Verlag. - Generalkarte 1 : 200 000, Blätter 27 und 29. - Ostseeküste, mittlerer und östlicher Teil 1 : 130 000, Haack, Gotha.
Wissenswertes *Barth* siehe Tour 33. - Stralsund Zu Beginn des 13. Jahrhunderts entstand neben dem slawischen Fischer- und Fährdorf Stralow eine deutsche Kaufmannssiedlung, die 1234 lübisches Stadtrecht erhielt. Ab 1293 war Stralsund Mitglied der Hanse. 1325 kam die Stadt zu Pommern. 1370 wurde hier zwischen der Hanse und Dänemark der Friede zu Stralsund geschlossen. 1648 kam Stralsund zu Schweden, dessen Generalgouverneur von 1270 bis 1815 seinen Sitz in der Stadt hatte; 1815 wurde sie dann preußisch.

Der historische Stadtkern von Stralsund gehört zu den am besten erhaltenen historischen Stadtanlagen Deutschlands. Neben einem großen Teil der mittelalterlichen Stadtmauer mit ihren hausartigen Auslugen (Kütertor 1446, heute Jugendherberge, Kniepertor 14. Jh.) sind das Rathaus, ein gotischer Backsteinbau aus dem 13. bis 15. Jahrhundert, die Nicolaikirche (1270–1350), die Marienkirche (14.–15. Jh.) mit ihrem 104 Meter hohen Turm (14.–15. Jh., Barockhaube 1708) sowie das Katharinenkloster (13.–15. Jh.) sehenswert. Bemerkenswert sind außerdem die charakteristischen Giebelhäuser aus dem 17. und 18. Jahrhundert. – *Greifswald* Nahe dem südlichsten Zipfel des Greifswalder Boddens, der Dänischen Wiek, liegt die vor 1248 von Mönchen des Zisterzienserklosters Eldena am Ryck in der Nähe einer Salzquelle gegründete Stadt Greifswald, der 1250 lübisches Recht verliehen wurde. Schon 1278 bestanden Beziehungen zu den anderen Hansestädten an der südlichen Ostsee. 1456 wurde die Greifswalder Universität gegründet. Nach dem Dreißigjährigen Krieg kam auch Greifswald zu Schweden und 1815 zu Preußen.

Sehenswert ist die gotische Marienkirche (14. Jh.), das ehemalige Franziskanerkloster, der Dom Sankt Nicolai (13. Jh.), ein gotischer Backsteinbau mit 100 Meter hohem Turm, die Sankt Jacobikirche (13. Jh., Umbau 1400). Der Mittelpunkt der Stadt ist der Markt mit dem 1738 bis 1750 im Stil der Renaissance wiederaufgebauten Rathaus aus dem 14. Jahrhundert und Giebelhäuser aus Spätgotik und Renaissance. Das alte barocke Universitätsgebäude wurde von 1747 bis 1750 von A. Meyer aus Augsburg errichtet. – Die Ruine des ehemaligen *Zisterzienserklosters Eldena* liegt heute im gleichnamigen Ortsteil von Greifswald. Das 1199 am Ryck gegründete Kloster wurde 1535 nach der Reformation aufgelöst. – *Wolgast* entstand im 12. Jahrhundert und war von 1532 bis 1625 die Residenz der Herzöge von Pommern-Wolgast. Sehenswert sind unter anderem der spätgotische Backsteinbau der zwölfeckigen Gertrudenkapelle und die spätgotische Pfarrkirche Sankt Petri.

Anmerkung Die Strecke bis Greifswald zeichnet sich nicht durch große landschaftliche Reize aus. Der Weg wird zudem auf Asphalt und Betonplatten zurückgelegt. Zwischen Groß Kordshagen und Preetz weicht unsere Route, da kürzer, vom Fernwanderweg ab. Zwischen Stralsund und Greifswald bietet sich nur die alte Trasse der B 96 an. Sehr lohnend ist der Teil Greifswald – Wolgast. Ab Eldena wandert man fast ausschließlich im Wald. Als eigener Abschnitt sehr zu empfehlen (vgl. Karte).

Tourenbeschreibung Von der Kirche in *Barth* geht es zunächst in Richtung Stralsund, im Ort weiter geradeaus in Richtung Niepars und auf der Landstraße über *Zirpke, Flemendorf, Groß Kordshagen* (2,5 km nach Groß Kordshagen zweigt der Fernwan-

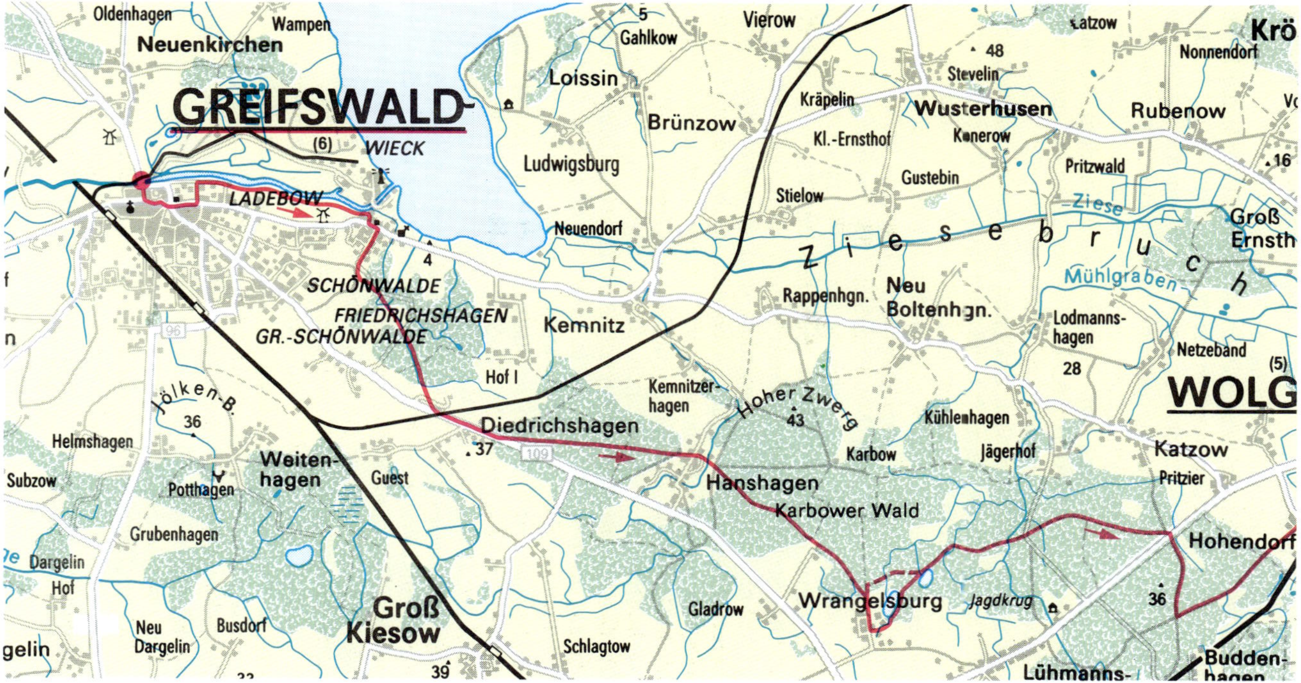
GREIFSWALD
Oldenhagen
Neuenkirchen
Wampen
WIECK
LADEBOW
Loissin
Gahlkow
Ludwigsburg
Neuendorf
Brünzow
Vierow
Kräpelin
Kl.-Ernsthof
Stielow
Gustebin
Wusterhusen
Stevelin
Kanerow
Pritzwald
Rubenow
Nonnendorf
Ziese
Ziesebruch
Mühlgraben
Groß Ernsth
SCHÖNWALDE
FRIEDRICHSHAGEN
GR.-SCHÖNWALDE
Kemnitz
Hof I
Rappenhgn.
Neu Boltenhgn.
Lodmanns-hagen
Netzeband
WOLG
Jölken-B.
Helmshagen
Subzow
Potthagen
Weiten-hagen
Guest
Diedrichshagen
Kemnitzer-hagen
Hoher Zwerg
Karbow
Kühlenhagen
Jägerhof
Katzow
Pritzier
Hanshagen
Karbower Wald
Hohendorf
Grubenhagen
Dargelin
Hof
Neu Dargelin
Busdorf
Groß Kiesow
Schlagtow
Gladrow
Wrangelsburg
Jagdkrug
Lühmanns-
Budden-hagen

derweg ab; er führt über Buschenhagen, Günz und Altenpleen nach Preetz) und *Lassentin* nach *Duvendiek.*

In Duvendiek verlassen wir an der Bushaltestelle die Landstraße nach links und wandern durch die Dorfstraße und auf dem folgenden Plattensträßchen an den Ortsrand von *Krönnevitz.* Nun weiter auf der Landstraße nach links zum drei Kilometer entfernten *Preetz*, dann auf der Landstraße nach rechts nach *Schmedshagen.* Am Ortseingang von Schmedshagen wandern wir nach rechts in ein Pflastersträßchen (Wegmarkierung) und nach 200 Metern auf dem Plattensträßchen aus dem Ort, weiter über das Plattensträßchen nach links und über einen Wassergraben und durch eine Allee nach *Groß Kordshagen.* Hier geht es nach rechts wiederum auf ein Plattensträßchen. An der Stelle, an der dieses in einen Schotterweg übergeht, folgen wir dem Plattensträßchen nach links, geradeaus durch *Vogelsang* und nach dem Ort nach rechts zum Neubaugebiet von *Stralsund.* Auf der Asphaltstraße nach links gelangen wir zur Vorfahrtsstraße, geradeaus über die Kreuzung (ab hier Geh- und Radweg) und der Barther Straße und dem Damm folgend nach *Stralsund.*

Wer nach Rügen weiterwandert, dem sei während des Sommers die Fahrt mit der Fähre nach Altefähr empfohlen. Diejenigen, die nach Greifswald wandern, folgen den Auszeichnungen nach Greifswald zum Stadtrand. Ab hier wandern wir auf der alten Trasse der B 96 durch *Brandshagen* und *Reinberg* zur Tankstelle *Neuenkirchen.* Ein kurzes Stück geht es ohne Gehweg entlang der B 96 weiter, dann auf dem Gehweg nach *Greifswald.*

Über den Ryck erreichen wir geradeaus das Zentrum von Greifswald. Wir verlassen die Stadt auf der Straße nach Lubmin. Kurz nach dem Philipp-Müller-Stadion zweigt der Wanderweg nach links zum Ryck ab (Wegmarkierung). Nun folgen wir dem Deich rechts des Ryck zur Klappbrücke über den Ryck zwischen Eldena und Wieck. 50 Meter vor der Klappbrücke wandern wir auf dem Geh- und Radweg in die Ortschaft *Eldena*, hier wenige Meter nach links vor die Ruine des *Klosters Eldena* und dann nach rechts durch die Hainstraße zum Ortsende.

Ab der Gaststätte Waldhaus verläuft der Weg links neben der Straße am Rand des Waldgebiets Eldena (Naturschutzgebiet) zum Waldeck, dann nach links am Waldrand entlang zum Grab des Heimatdichters Georg Engel. 100 Meter nach dem Grab zweigt der Weg nach links vom Waldrand ab und führt zum Pflastersträßchen, auf dem wir geradeaus etwa 400 Meter weiterwandern. Dann geht es nach rechts durch einen Erlenwald, geradeaus über das Pflastersträßchen, weiter durch einen Buchenwald und durch einen von Bäumen gesäumten Weg zur

B 109. Wir überqueren die Bahnlinie auf der Brücke, steigen jedoch sofort wieder hinab zur alten Straßentrasse. Nach 200 Metern erreichen wir wieder die B 109. Wir folgen dieser etwa 500 Meter nach *Diedrichshagen* und zweigen vor dem Ortsendeschild nach links ab. Nach 50 Metern biegt unser Weg nach rechts ab und führt durch ein schönes Waldgebiet. Zunächst geht es geradeaus zu einem eingezäunten Waldteil. Hier gehen wir 50 Meter nach links, dann nach rechts und immer geradeaus über die Wegkreuze bis zum Waldrand vor *Hanshagen*. Dort wandern wir auf dem Natursträßchen nach links in den Ort. Von unserer Seite aus ist leider nicht zu sehen, daß die Kirche von Hanshagen sehr schön auf einem Sandhügel liegt.

Es geht geradeaus durch Hanshagen, abwärts und über den Bach, an der Mühle vorbei und leicht ansteigend zum Ortsende. An der Weggabelung am Ortsende wandern wir nach rechts, dann geradeaus über das Wegkreuz (Wegmarkierungen) und nun auf dem befahrenen Waldweg ohne abzuzweigen durch den Wrangelsburger Wald zum Waldrand vor Wrangelsburg.

Hier zweigt der markierte Wanderweg scharf nach links ab und führt am nächsten Wegdreieck nach rechts, unter Starkstromleitungen hindurch und weiter durch den Wald zum Schwarzen See.

Wir empfehlen, vom Waldrand geradeaus nach *Wrangelsburg* zu gehen. Nach dem Friedhof wandern wir nach links zum Gutshaus, vor diesem nach rechts und nach den Wirtschaftsgebäuden nach links in den Wald. Der Weg führt rechts am

Schloßsee vorbei, dann am Waldrand entlang der Büssower Wiesen vor den Schwarzen See. Dort treffen wir wieder auf den markierten Wanderweg.

Am Schwarzen See folgen wir dem Fahrweg nach rechts, das heißt rechts am Schwarzen See entlang. An dessen Ende zweigt der Wanderweg nach links vom Fahrweg ab. Vor einer Lichtung geht es nach rechts, dann links an einem kleinen See vorbei, bis der Weg einen Rechtsbogen beschreibt. Hier weist ein kleiner Pfeil zum Burgwall hin. Beim Flächennaturdenkmal Wrangelsburg handelt es sich um einen slawischen Burgwall von drei Hektar Ausdehnung. Auf dem Burgwall stehen 280 Jahre alte Buchen. Wir gehen zum Wanderweg zurück und folgen diesem zum Fahrweg.

Auf dem Fahrweg wandern wir nach links zum etwa einen Kilometer entfernten Sträßchen, das den Jägerhof mit der B 111 verbindet. Wir queren das Sträßchen und folgen dem Waldweg geradeaus weiter. Die Wanderung führt nun durch schöne Kiefern- und Fichtenwaldbestände. Ohne abzuzweigen bleiben wir auf dem Hauptweg bis zu einem Wegstein, der links an einem Wegkreuz steht. Von hier sind es 100 Meter nach rechts zur B 111.

Diese überqueren wir geradeaus und wandern nach Süden, wobei wir an einer Dreiteilung des Weges geradeaus gehen. Nach 1,6 Kilometern treffen wir auf ein Wegkreuz mit Wegmarkierung. Hier geht es nach links. Nach etwa 800 Metern erreichen wir das Natursträßchen von Buddenhagen nach Hohendorf. Wir folgen diesem nach links und wandern ohne abzuzweigen nach *Hohendorf*, überqueren dort die Vorfahrtsstraße und folgen dem Naturweg weiter über die Brücke über die Ziese zum Waldrand, dann in der Fortsetzung unseres Weges dem linken Weg bergan zu einer Wochenendkolonie. An dieser geht es links entlang zur Freilichtbühne. Danach zweigt der Weg über den Hang zum nahen Bahnhof von *Wolgast* ab.

Rügen

Wer möchte die Wanderung an der Steilküste der Stubnitz von Saßnitz zum Königsstuhl nicht zu den großen Erlebnissen zählen, mit einer Vielzahl von Eindrücken? Nicht weniger beeindruckend ist die Steilküste beim Kap Arkona und die der Granitz zwischen den Ostseebädern Binz und Sellin. Der ruhende Gegenpol sind die Bodden und Wieken: Glewitzer Wiek, Rügischer Bodden, Hagensche Wiek, Kleiner und Großer Jasmunder Bodden, Wieker Bodden, um nur einige zu nennen. Sie sind geprägt von Einfachheit und Ruhe, Land und Wasser scheinen hier eins zu sein. Und nicht zuletzt gehören die Rundblicke vom Rugard, vom Jagdschloß Granitz und vom Bakenberg auf Mönchgut und der Durchzug hunderter Kraniche und tausender Gänse im Herbst zum faszinierenden Gesamtbild der Insel.

Rügen ist mit 926 Quadratkilometern Deutschlands größte Insel. Seit 1936 ist sie durch den 2540 Meter langen Rügendamm über den Strelasund mit dem Festland verbunden. Hauptort ist Bergen, große wirtschaftliche Bedeutung haben die Bahnlinie Stralsund - Saßnitz, die Fähren von Saßnitz nach Trelleborg und von Neu Mukran nach Kleipeda sowie der Kreideabbau.

Die Sandstrände an der Schaabe und an der Schmalen Heide zählen zu den bevorzugten Badestränden auf der Insel. In Südostrügen liegen die Ostseebäder Binz, Sellin, Baabe und

Zu Tour 35 **Badehaus Goor bei Lauterbach**

Göhren. Das Bad an der Goor bei Lauterbach unweit des im klassizistischen Stil erbauten Putbus ist das älteste Bad auf der Insel.

Das Relief der Insel entstand in der Weichsel-Kaltzeit. Die Endmoränen des Rugard, der Granitz und von Mönchgut sowie der Kreidehochkern der Stubnitz stellen beredte erdgeschichtliche Zeugnisse dar. Die Steilküsten, die Boddenlandschaften, die Meeresbuchten und die Grundmoränenlandschaft sind die Landschaftselemente. Rügen ist eine Insel, auf der das Wasser allgegenwärtig ist. Sie hat ihr kleineres Gegenstück nur noch auf Usedom.

Um den zentralen Inselkern bei Bergen mit dem 91 Meter hohen Rugard scharen sich die Halbinsel Wittow mit dem Kap Arkona (46 m), das aus mächtigen Kreideschichten aufgebaute Jasmund mit dem 161 Meter hohen Piekberg und dem Königsstuhl, der mit einem 117 Meter hohen Kreidekliff in die Ostsee abfällt und Südostrügen mit der Granitz (Tempelberg 107 m) und Mönchgut. Im Westen und Südwesten liegt das fruchtbare Grundmoränengebiet und am westlichen Außenrand die Insel Ummanz, die seit 1901 durch eine Brücke mit Rügen verbunden ist. Nicht zuletzt sind die Nehrungen Schaabe und Schmale Heide, aus Sand und Feuersteingeröllen aufgebaut, wichtige Landschaftselemente. Die Schaabe verbindet Wittow mit Jasmund, die Schmale Heide Jasmund mit Südostrügen. Die herrlichen Dünenkiefernwälder entstanden durch Aufforstungen im 19. Jahrhundert.

Große Teile der Insel werden heute landwirtschaftlich genutzt. Dennoch können wir hier in weiten Bereichen noch eine naturnahe Landschaft erleben. So in den Laubwaldgebieten der Stubnitz und der Granitz, die seit der Nacheiszeit immer bewaldet waren, in den Dünenkiefernwäldern der Schaabe, der Schmalen Heide und auf dem Bug, an den Verlandungsküsten der Bodden und Wieken mit ihren Schilfgürteln und Salzweiden, in den Kesselmooren der Stubnitz und der Granitz oder sekundär in den Offenlandschaften Rügens, wie in den Hutungen auf Mönchgut. Besonders arten- und zahlreich ist die Vogelfauna an der Küste und in den Feuchtgebieten. Rügen ist wie Fischland, der Darß und Zingst im Frühjahr und Herbst Durchzugsgebiet zahlreicher nordischer Vogelarten.

Die Funde der Lietzow-Kultur von der Wende von der Mittleren zur Jüngeren Steinzeit (vor etwa 5000 Jahren) bei Lietzow, beim Augustenhof und in den Banzelvitzer Bergen sind die ersten Zeugnisse einer dichteren Besiedlung auf Rügen. Diese Kultur drückt den Übergang von der Stufe des wandernden

Jägers zum seßhaften Ackerbauern aus. Der Rohstoff Feuerstein für die Geräte stand auf Rügen in großer Menge zur Verfügung, so daß weite Teile Mitteleuropas mit Werkzeugen aus rügischem Feuerstein beliefert werden konnten.

Zahlreich sind auf Rügen auch die ältesten bekannten Grabstätten, die Hünen- oder Großsteingräber, die aus der Jungsteinzeit stammen. Wir kennen heute noch 54 solcher Grabanlagen. Viele von ihnen wurden beim Straßen- und Hausbau zerstört. Ebenfalls zahlreich sind die bronzezeitlichen Hügelgräber aus der Zeit zwischen 1100 und 500 v. Chr.

Die Slawen dürften im 6. Jahrhundert auf die Insel gekommen sein. Zahlreiche Ortsnamen wie Saßnitz, Stresow, Thießow, Bobbin, Sellin und Rambin drücken den slawischen Ursprung aus. Ralswiek war vom 8. bis ins 12. Jahrhundert ein wichtiger slawischer Siedlungs- und Handelsplatz. Burgwälle, wie die Jaromarsburg am Kap Arkona, der Rugard bei Bergen oder die Herthaburg in der Stubnitz sind weitere Zeugen slawischer Besiedlung. Im Jahre 1168 eroberten die Dänen unter Waldemar I. und dem Bischof Absalon von Roskilde die Jaromarsburg auf Kap Arkona und vernichteten das Standbild der slawischen Gottheit Swantevit. Damit war die Unterwerfung und Christianisierung der Slawen nach einem langen Kampf abgeschlossen.

Im 13. Jahrhundert erfolgte die Besiedlung durch deutsche Bauern. Von 1325 bis 1367 stand Rügen unter der Herrschaft der Herzöge von Pommern, 1648 bis 1815 gehörte die Insel zu Schweden und 1815 kam sie zu Preußen.

35 Putbus - Lauterbach - Groß Stresow - Bahnhof Seelvitz (- Putbus)

Verkehrsmöglichkeiten Bahnverbindungen Göhren - Putbus, Bergen - Putbus - Lauterbach; Busverbindungen Garz - Putbus, Bergen - Putbus - Lauterbach.
Parkmöglichkeit Am Bahnhof in Putbus.
Wegmarkierung Lauterbach - Bahnhof Seelvitz blauer Balken auf weißem Grund (Teil des Fernwanderweges Zittau - Kap Arkona).
Tourenlänge 11 km, 15,5 km über die Mönchguter Landstraße zurück nach Putbus.
Wanderzeit $2^1/_2$ Stunden, $3^1/_2$ Stunden über die Mönchguter Landstraße zurück nach Putbus.

Höhenunterschiede Etwa 90 Meter Anstieg und 50 Meter Abstieg.
Wanderkarten Touristenkarte Rügen-Hiddensee 1 : 100 000, Tourist Verlag. – Generalkarte 1 : 200 000, Blatt 27. – Ostseeküste, mittlerer und östlicher Teil 1 : 130 000, Haack, Gotha.
Wissenswertes *Putbus* wurde 1810 von Fürst Malte I. gegründet. Bis heute hat der Ort seinen klassizistischen Stil bewahrt. Sehenswert sind auch die beiden Plätze, der runde Circus und der rechteckige Markt, außerdem der Park mit seinem alten Baumbestand (u. a. Mammutbäume). – Das älteste Bad auf Rügen ist das zwischen 1817 und 1820 erbaute *Badehaus Goor* bei Lauterbach.
Tourenbeschreibung Vom Bahnhof in *Putbus* sind es nur wenige Minuten über die Treppen, durch das Wäldchen und die Straße am Postamt vorbei zum *Circus*, der von den klassizistischen Bauten des beginnenden 19. Jahrhunderts umrahmt ist. Am unteren Ende des Circus betreten wir den Park über den Weg am Rosencafé, wandern bergab zum Fechtertor (der Sportplatz liegt rechts) und weiter auf dem Gehweg an der Straße nach Lauterbach, bis diese vor dem Bahnübergang nach rechts abbiegt. Wir überqueren hier den Bahnübergang und folgen dem Sträßchen zum *Badehaus Goor*, das Fürst Wilhelm Malte I. erbauen ließ. Vor dem Gebäude gehen wir zunächst an das Ufer vor, dann nach etwa 50 Metern über eine Treppe auf das Hochufer und setzen unsere Wanderung an diesem fort. Weit reicht hier der Blick auf die Insel Vilm und auf die Erhebungen der Halbinsel Mönchgut.

Durch das *Waldgebiet Goor* folgen wir dem Pfad in Ufernähe. Dieser führt über eine Brücke, an der folgenden Feldgrenze nach links und durch zwei Weidenreihen landeinwärts zu einem Waldweg. Hier geht es nach rechts an einem Kiefernwald entlang, dann über die Felder geradeaus nach *Muglitz*, das nur aus wenigen Häusern besteht. Wir zweigen nicht ab, sondern setzen die Wanderung geradeaus fort und bleiben in Ufernähe, bis der Weg in das Gelände eines Ferienheims mündet.

Nun müssen wir auf einem schmalen Pfad durch das Dickicht rechts am Zaun entlang (100 m) und kommen an einer Feldgrenze wieder auf einen Feldweg, dem wir bis *Groß Stresow* folgen.

Im Ort führt das Sträßchen nach links bergan. Rechts auf der Anhöhe steht die Säule, die an die Landung der Dänen und Preußen unter Friedrich Wilhelm I. auf Rügen (1715) erinnert. Nach der Kuppe geht es leicht bergab zur Mönchguter Landstraße.

Mölln-Medow
DOLGEMOST
POSEWALD
PASTITZ
PUTBUS
GÜSTELITZ
LONVITZ
VILMNITZ
Serams
60
Nistelitz
Bliescow
103
Granitz
Altensien
Lancken-
Granitz
Wend.Hohlstein
GROß
Dummertevitz
Preetz
Seedorf
Moritz
dorf
38
STRESOW
35
Gobbin
LAUTER-
BACH
FREETZ
MUGLITZ
Wildgehege
WREECHEN
Wreechen-
see
NEUENDORF
Neukamp
37
Vilm
28
Glowitz
Having
14
Gager

Von hier aus kann man auf der Landstraße zum Bahnhof in Putbus zurückkehren. In Vilmnitz steht erhaben auf einem Hügel die Kirche aus dem 13. Jahrhundert. In ihr befinden sich ein Altar aus dem Jahre 1603 und Sarkophage der Putbusser Fürstenfamilie.

Wer zum Bahnhof Seelvitz weiterwandert, geht auf der Landstraße 50 Meter nach rechts, dann auf dem Feldweg (Wegweiser nach Nistelitz) nach links ansteigend durch die wellige Feldlandschaft nach *Nistelitz.* Hier wandern wir geradeaus weiter. Einsam liegt der *Bahnhof Seelvitz* vor uns: zwei Gleise der Kleinbahn und ein Wartehäuschen. Spaß macht dann die Fahrt mit dem »Rasenden Roland« zurück nach *Putbus.*

36 Ostseebad Binz - Jagdschloß Granitz - Ostseebad Binz

Verkehrsmöglichkeiten Bahnverbindungen Putbus - Binz - Göhren, Bergen - Lietzow - Binz; Busverbindungen von Bergen, Saßnitz, Göhren, Thießow und Klein Zicker nach Binz.
Parkmöglichkeit Im Ostseebad Binz am Bahnhof der Kleinbahn.
Wegmarkierung Wird im Text angegeben. Die erwähnten Wegmarkierungen beschreiben *nicht* den Verlauf der Tour.
Tourenlänge 7,5 km.
Wanderzeit 1 3/4 Stunden.
Höhenunterschiede Je etwa 120 Meter An- und Abstieg.
Wanderkarte Touristenkarte Rügen-Hiddensee 1 : 100 000, Tourist Verlag.
Wissenswertes Das *Ostseebad Binz* wurde 1884 gegründet. - Auf dem höchsten Punkt Ostrügens, dem 107 Meter hohen *Tempelberg,* steht das ehemalige Jagdschloß Granitz, 1836 errichtet unter Fürst Malte I. von Putbus. Der Turm, erbaut nach einem Entwurf Karl Friedrich Schinkels, ist 38 Meter hoch und wurde 1844 in den Lichthof eingefügt. - Die *Granitz* ist ein geschlossenes, in sich stark hügelig gegliedertes Stauchendmoränengebiet mit einem ursprünglichen Rotbuchenwald, in dem die Traubeneiche stärker vertreten ist.
Anmerkung Der Weg ist etwas schwierig zu finden, deshalb bitte die Beschreibung genau beachten. Wir wollen jedoch mit dieser Wanderung eine andere Strecke durch das Waldgebiet der Granitz zum Jagdschloß aufzeigen, als die ausgeschilderte am Asphaltsträßchen entlang.

Tourenbeschreibung Auf dieser Tour lernen wir die Steilküste und das Waldgebiet der Granitz kennen, zudem erreichen wir einen der schönsten Aussichtspunkte auf der Insel Rügen.

Zunächst geht es vom Bahnhof der Kleinbahn im *Ostseebad Binz* durch die Bahnhofstraße und die Hauptstraße zur Strandpromenade. Auf dieser wandern wir nach rechts, vorbei am Granitblock, der an die Gründung des Seebades 1884 erinnert und weiter am Strand entlang zur *Piratenschlucht*, durch die der Aufstieg zum Hochufer erfolgt. Der Weg führt am Steilufer weiter zum *Silvitzer Ort* (etwa 150 m), von dem bei gutem Wetter die Sicht bis Saßnitz und zur Stubnitz reicht.

Die Wanderung setzen wir noch etwa 500 Meter am Steilufer fort, bis vom Wanderweg eine Rinne zum Strand hinunterführt. Hier verlassen wir den Uferweg und erreichen auf dem nach rechts in den Wald führenden Weg nach etwa 150 Metern einen breiten Fahrweg (Wegmarkierung gelber Balken auf weißem Grund). Wir folgen diesem 30 Meter nach rechts, gehen dann nach links durch einen schmalen, eingesenkten Weg (50 m) zum Moor *Große Wiese* (Naturschutzgebiet). Die typische Vegetation eines Kesselmoores mit Sumpfporst, Rosmarinheide, Moorbeere, Wollgras und Sonnentau breitet sich vor uns aus. Der Weg führt rechts am Moor vorbei zurück auf den breiten Fahrweg.

Wir folgen diesem ansteigend in einer weiten Rechtskurve in einen Sattel und zweigen hier scharf nach links zwischen zwei mit gelben Balken (Wegmarkierung) versehenen Buchen ab.

Zu Tour 36, 38, 39 **Fischer am Strand des Ostseebades Binz**

Diese Stelle kann auch direkt von der Piratenschlucht über den breiten Fahrweg erreicht werden.

Nach 100 Metern führt nach rechts aufwärts ein Waldweg 200 Meter weit bergan zur Lichtung *Dolge.* An dieser sumpfigen Senke wandern wir links vorbei, weiter links an dem Lärchenforst entlang, der dann durch den Weg nach rechts durchschnitten wird. Wir bleiben auf diesem Waldpfad ohne abzuzweigen, bis wir auf einen breiten Fahrweg stoßen.

Auf diesem geht es 20 Meter nach rechts, dann wieder nach links (blauer Punkt und Pfeil an einer Hainbuche; grüner Balken auf weißem Grund geht zum Ostseebad Sellin) in einen Fichtenforst. Hier folgen wir nicht dem blauen Punkt nach links, sondern wandern geradeaus weiter. In einer Rechtskurve stehen auf der linken Wegseite zwei alte Eichen. Dem Weg folgen wir weiter ohne abzuzweigen meist bergauf auf eine Verebnung und an vier Eichen vorbei geradeaus weiter zum Asphaltsträßchen. Nach weiteren 100 Metern stehen wir unterhalb des *Jagdschlosses Granitz.* Vom Turm des Schlosses reicht der Blick über die ganze Insel Rügen.

Nach der Besichtigung wandern wir auf dem kurvenreichen Sträßchen (Wegweiser) bergab zur *Haltestelle Jagdschloß* der Kleinbahn. Sollte zufällig ein Zug vorbeikommen, sind es sieben Minuten zurück zum Bahnhof im Ostseebad Binz.

Sonst erreichen wir auf dem am Wegkreuz vor dem Bahnübergang nach rechts führenden untergeordneten Waldweg der Bahn entlang das Sträßchen, das vom Jagdschloß zum Ostseebad Binz hinunterführt. Wir folgen diesem nach links zum Bahnübergang, an dem wir die Landstraße überqueren und wandern auf dem Gehweg zum Bahnhof der Kleinbahn im *Ostseebad Binz* zurück.

37 Thießow - Bakenberg - Zickersches Höft - Groß Zicker - Thießow

Verkehrsmöglichkeit Busverbindung von Thießow zu den Ostseebädern Göhren, Baabe, Sellin und Binz.
Parkmöglichkeit In Thießow Parkplatz am Nordrand des Ortes in Strandnähe.
Wegmarkierung Wird im Text angegeben.
Tourenlänge 12,5 km. **Wanderzeit** 3 Stunden.
Höhenunterschiede Je etwa 120 Meter An- und Abstieg.
Wanderkarten Touristenkarte Rügen-Hiddensee 1 : 100 000, Tourist Verlag. - Generalkarte 1 : 200 000, Blatt 27. -

Zu Tour 37 **Blick vom Bakenberg über die Hagensche Wiek auf die Granitz**

Wissenswertes Das *Südperd* bei Thießow, ein vorspringender Moränenkern, ist 38 Meter hoch. - Beim *Bakenberg* (66 m, Naturschutzgebiet) handelt es sich um eine Stauchendmoräne aus der Teilstaffel des Nordrügener Inlandeisvorstoßes (10 500 bis 10 000 v. Chr.). Angeschnitten ist ein Kliff mit vorgelagertem Blockstrand aus skandinavischen Geschieben. Artenreiche Trokkenrasen mit einer reichen Insektenfauna, speziell mit südosteuropäischen Arten, überziehen diese Hügelkette. - Das *Zickersche Höft* (116 ha) wurde seit der Steinzeit besiedelt. Heute prägt extensive Weidewirtschaft das Landschaftsbild dieses zu den letzten naturnahen Hutewaldlandschaften Norddeutschlands gehörenden Naturschutzgebietes. Ursprünglich tritt an den Nordhängen die Luftfeuchte liebende Rotbuche auf, an den trockenen Südhängen die Traubeneiche. Im Bereich der Ostseeküste Mecklenburg-Vorpommerns fallen hier die wenigsten Niederschläge. Dies und die durchlässigen Böden schaffen die Lebensbedingungen für wärme- und trockenheitsliebende Tier- und Pflanzenarten.

Anmerkungen In den beiden Naturschutzgebieten sollte streng auf die Wege geachtet werden. - Die Wanderung kann auch vom Parkplatz an der Abzweigung nach Gager begonnen werden. Die Tourenlänge beträgt dann etwa acht Kilometer, die Wanderzeit zwei Stunden.

Tourenbeschreibung Die Gaststätte am Strand ist nur wenige Meter vom Parkplatz am Nordrand von Thießow entfernt. Hier wandern wir auf dem Plattenweg nach links bis zu dessen Ende, dann etwa 80 Meter nach links und auf dem Waldweg nach rechts. Dieser führt parallel zur Landstraße in Richtung Lobbe. Wir folgen dem Waldweg durch das Dünenwäldchen bis links der Bakenberg ungefähr in rechtem Winkel zu sehen ist. An der Landstraße steht rechts eine Sitzbank. Hier endet auch der Parkplatzstreifen an der Straße. Wir queren die Landstraße geradeaus und folgen dem Wiesenweg an einem Deich mit einer Hecke entlang und an einem Birkenbruch vorbei zum Landsträßchen nach Groß Zicker. Nach 100 Metern nach links zweigt am Rand des Venzenbusches nach rechts aufwärts der Weg zum

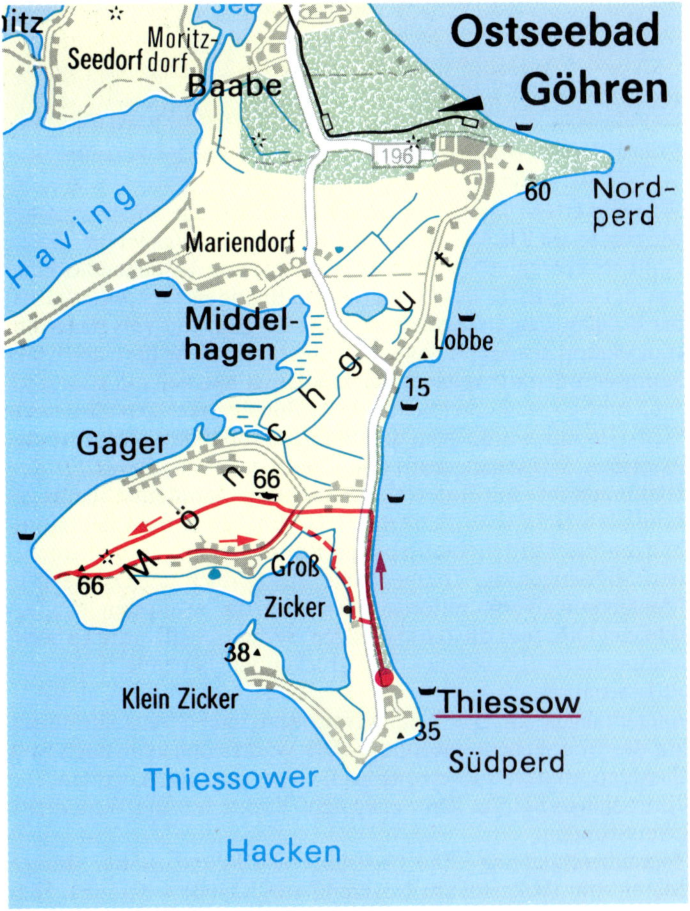

Bakenberg (66 m) ab (Wegmarkierung grüner Balken auf weißem Grund). Der Blick vom »Gipfel« ist großartig. Im Norden Mönchgut, Göhren mit dem Nordperd und die Höhen der Granitz, im Westen Putbus, im Süden die Halbinsel Klein Zicker, und fast rundherum Wasser: Having, Hagensche Wiek, Zicker See, Rügischer Bodden und Ostsee.

Wir folgen dem Weg ohne abzuzweigen über den Höhenrükken, wobei wir die Senken queren, bis der Weg ein Kiefernwäldchen durchschneidet. Am Ende des Wäldchens beginnt das Naturschutzgebiet Zickersches Höft (116 ha).

Am hölzernen Signalturm wandern wir rechts vorbei (200 m). Vor einer kleinen Kuppe geht es nach rechts bergab und vor zwei Hagebuttenbüschen nach links abwärts durch das Tälchen zum bewaldeten Hochufer am *Nonnenloch.* Steil ragt die Küste hier aus dem Rügischen Bodden, unten am Ufer treten Süßwasserquellen aus.

Vom Nonnenloch gehen wir 200 Meter auf dem gleichen Weg zurück und steigen an der Weggabelung rechts bergan (Wegweiser und Wegmarkierung gelber Balken auf weißem Grund nach Groß Zicker) in den Sattel. Vor uns liegt nun der Zicker See mit der Halbinsel Klein Zicker, links unter uns Groß Zicker.

Auf dem Weg geht es bergab nach *Groß Zicker*, durch den Ort - rechts liegt die Ende des 14. Jahrhunderts erbaute Dorfkirche - und auf dem Asphaltsträßchen weiter bis zu der Stelle, an der wir zum Bakenberg aufgestiegen sind. Hier nehmen wir den uns bekannten Weg nach rechts zurück nach *Thießow.*

Es besteht auch die Möglichkeit, 300 Meter nach dem letzten Haus von Groß Zicker über Betonplatten nach rechts auf einen Wiesenweg zu gelangen und auf diesem am Deich des Zicker Sees entlang den Campingplatz von Thießow zu erreichen.

38 Ostseebad Binz - Jagdschloß Granitz - Stresower Bucht - Lauterbach - Putbus

Verkehrsmöglichkeiten Bahnverbindungen Putbus - Binz - Göhren, Bergen - Lietzow - Binz; Busverbindungen von Bergen, Saßnitz, Ostseebad Göhren, Thießow und Klein Zicker zum Ostseebad Binz.
Parkmöglichkeit Im Ostseebad Binz Parkplatz am Bahnhof der Kleinbahn.
Wegmarkierung Beginn des Waldgebietes der Granitz - Bahnhof Garftitz und Wegkreuz* nach Lancken-Granitz - Stresow

roter Balken auf weißem Grund, Stresow - Lauterbach blauer Balken auf weißem Grund (Teil des Fernwanderweges Zittau - Kap Arkona).

Tourenlänge 21 km.

Wanderzeit 5 Stunden.

Höhenunterschiede Je etwa 130 Meter An- und Abstieg.

Wanderkarten Touristenkarte Rügen-Hiddensee 1 : 100 000, Tourist Verlag. - Generalkarte 1 : 200 000, Blatt 27. - Ostseeküste, mittlerer und östlicher Teil 1 : 130 000, Haack, Gotha.

Wissenswertes Das *Ostseebad Binz* wurde 1884 gegründet. - *Tempelberg* siehe Tour 36. - Die gut erhaltenen *Großsteingräber* nahe Lancken-Granitz stammen aus der Jungsteinzeit (2300 v. Chr.). - *Putbus* siehe Tour 35. - *Badehaus Goor* siehe Tour 35.

Anmerkung Obwohl es sich um einen offiziell ausgezeichneten Wanderweg handelt, sind zwischen Neu Reddevitz und Groß Stresow teilweise nur Wegspuren vorhanden.

Tourenbeschreibung Vielleicht ist eine kleine Erfrischung vor Beginn der Wanderung in der Gaststätte Zum Rasenden Roland eine Einstimmung auf die abschließende Fahrt von Putbus zurück zum Ostseebad Binz.

Auf der Fuß- und Fahrradspur neben der Straße in Richtung B 196 erreichen wir in wenigen Minuten den Bahnübergang. Vor diesem wandern wir geradeaus, im Wald teilweise auf einem Fußweg neben der Straße, zum Kamm der Granitz. Rechts oben steht das *Jagdschloß Granitz* (107 m) mit seinem mächtigen Turm, einem der bekanntesten Aussichtspunkte auf Rügen. Der Lichthof mit der Treppe nach Plänen von Schinkel ist ebenfalls sehenswert.

Wir folgen dem Sträßchen in Richtung Ostseebad Sellin 50 Meter bergab, bevor wir auf einem Waldweg geradeaus bergab zum Fuß der Granitz wandern und wieder auf das Sträßchen stoßen. Dieses führt, von Roßkastanien gesäumt, über die Gleise beim *Bahnhof Garftitz* und weiter geradeaus zur B 196 in *Lanken-Granitz.*

Die B 196 überqueren wir schräg nach rechts, gehen links an der Kirche vorbei und auf dem Asphaltsträßchen durch den Ort. Danach folgen wir dem Sträßchen in einer Kurve aus dem Tälchen, bis vor der Kuppe rechts eine Baumgruppe zu sehen ist. Nun verlassen wir das Sträßchen und erreichen nach rechts aufwärts über einen Pfad die Baumgruppe, bei der drei Gruppen von ausgegrabenen Großsteingräbern aus der Jungsteinzeit (2300 v. Chr.) liegen.

Wir wandern 100 Meter weiter auf dem Pfad zu einem Sträßchen, dann nach links zum Wegkreuz* und über dieses gera-

Ostseebad
Binz
Ostseebad
Sellin
Ostseebad
Göhren
PUTBUS
BERGEN
SÜD
Buschvitz
DUM-TRIPS
-SEVITZ
STREU
KIEKUT
Marienkirche
KAISERITZ
KAROW
Dalkvitz
Schmachter
See
SILVITZ
NEKLADE
Zirkow
Pantow
DOLGEMOST
Mölln-Medow
Serams
POSEWALD
PASTITZ
Nistelitz
Ketelshagen
VILMNITZ
LONVITZ
GÜSTELITZ
Wildgehege
LAUTER-
BACH
FREETZ
MUGLITZ
STRESOW
GROß
Wend. Hohlstein
Dummertevitz
Preetz
Gobbin
Granitz
Jagdschloß
Granitz
Bliesschow
Waldhalle
Museumseisenbahn
Altensien
Lancken-
Granitz
Selliner
See
Seedorf
Moritz-
dorf
Baabe
Having
Marendorf
Middel-
hagen
Lobbe
Gager
Nord-
perd
NEUENDORF
WREECHEN
Wreechen-
see
Krakvitz
Neukamp
Glowitz
Vilm
Krimvitz
ALtkamp
Tamsen-B.
196
196a
196b

Zu Tour 38 **Großsteingrab bei Lancken-Granitz**

deaus auf einem Plattensträßchen zu den ersten Häusern von *Preetz*, weiter in der Linkskurve in gerader Fortsetzung auf einem Feldweg nach *Gobbin* (Wegmarkierung beachten). Auf dem Asphaltsträßchen ist es etwa ein Kilometer zum Ortsanfang von *Neu Reddevitz*. Hier geht es nach rechts an der Häuserzeile entlang zum Deich und hinter diesem wiederum nach rechts. Wir wandern an einem Schiffahrtszeichen links vorbei und am Ufer entlang zu zwei Birnbäumen. Bei diesen führt der Pfad auf das Hochufer, weiter (eventuell auf Traktorspuren) am Ackerrand, dann nahezu weglos am Uferstreifen und am Campingplatz Stresow entlang zum Dorfsträßchen in *Groß Stresow*, wo die blaue Wegmarkierung beginnt.

Von Groß Stresow folgen wir dem Feldweg am Ufer entlang, bis an dessen Ende ein schmaler Pfad durch das Schlehengebüsch (Wegmarkierung) am Zaun eines Ferienheims entlang (etwa 100 m) zu einem Weg führt, auf dem wir *Muglitz* erreichen. An den wenigen Häusern wandern wir geradeaus weiter, an einer einzeln stehenden Weide vorbei, weiter geradeaus über die Felder und dann an einem Kiefernforst links entlang, bis der Weg eine weite Rechtskurve beschreibt.

Hier zweigen wir scharf nach links ab (Wegmarkierung). Der Weg führt durch zwei Weidenreihen zu einer Feldgrenze, dann nach rechts über eine Brücke und weiter in Ufernähe auf einem Pfad durch das Waldgebiet Goor vor eine Feriensiedlung. Vor dieser verlassen wir das Natursträßchen nach links, wandern am Hochufer oberhalb des Strandes zum *Badehaus Goor* von Lauterbach. Vor allem vom Hochufer haben wir nochmals einen herrlichen Blick über den Rügischen Bodden, auf die Insel Vilm und auf die Erhebungen von Mönchgut.

Links am Badehaus vorbei kommen wir auf ein Asphaltsträßchen und ohne abzuzweigen weiter zum Bahnübergang. Nun geht es geradeaus der Landstraße entlang durch das Neubaugebiet von Putbus, bis nach der Oberschule die Straße nach rechts abbiegt. Durch das Fechtertor betreten wir geradeaus den Park mit seinem alten Baumbestand, erreichen bergauf das Rosencafé am Rosengarten und den Circus in *Putbus.*

Vom rechten oberen Ende des Circus, vor dem Ausgangstor nach Bergen, sind es fünf Minuten zum Bahnhof Putbus über die Straße Am Bahnhof am Postamt vorbei, wobei wir in der Rechtskurve nach links durch das Wäldchen etwas abkürzen können.

Zurück geht es in erholsamer Fahrt mit dem Rasenden Roland zum *Ostseebad Binz.*

39 Ostseebad Sellin - Granitzer Ort - Silvitzer Ort - Ostseebad Binz

Verkehrsmöglichkeiten Bahnverbindung Putbus - Binz - Sellin - Göhren; Busverbindungen zum Ostseebad Sellin von Bergen, Saßnitz, Ostseebad Baabe, Ostseebad Göhren, Thießow und Klein Zicker.
Parkmöglichkeit Im Ostseebad Sellin Parkplatz an der Granitzer Straße.
Wegmarkierung Keine.
Tourenlänge Etwa 11,5 km.
Wanderzeit 2 3/4 Stunden.
Höhenunterschiede Je etwa 200 Meter An- und Abstieg.
Wanderkarten Touristenkarte Rügen-Hiddensee 1 : 100 000, Tourist Verlag. - Generalkarte 1 : 200 000, Blatt 27. - Ostseeküste, mittlerer und östlicher Teil 1 : 130 000, Haack, Gotha.
Wissenswertes Nach dem Bau der Kleinbahn im Jahre 1895 entwickelte sich aus dem Fischerdorf Sellin zwischen dem Forthberg und dem Selliner See das *Ostseebad Sellin.* - *Tempelberg* siehe Tour 36. - Zwischen den Ostseebädern Sellin und Baabe verläuft der *Mönchgraben*, eine alte »Landwehre« mit Wall und Graben. Dieser bildete ab 1252 die Grenze zu den Eldenaer Klosterbesitzungen auf Rügen. - Die *Halbinsel Mönchgut* war der ehemalige Landbesitz des Zisterzienserklosters Eldena bei

Greifswald (Nordteil ab 1252, Südteil seit 1360).

Anmerkung Der Weg führt am Steilufer entlang. An einigen Stellen ist Vorsicht geboten.

Tourenbeschreibung Die Granitzer Straße im *Ostseebad Sellin* erreichen wir vom Bahnhof aus über die Ostbahnstraße. Von dieser geht es nach rechts aufwärts durch die Wilhelm-Pieck-Straße, weiter durch die Warmbadstraße nach links, nach der Kurverwaltung und dem Tennisplatz nach rechts und an einer Linkskurve in den Uhlenweg. Nach 150 Metern zweigen wir nach rechts ab und treffen nach 50 Metern auf das Steilufer. Zu dieser Stelle kann man auch vom Ende der Wilhelm-Pieck-Straße nach links durch die Freilichtbühne gelangen.

Der Weiterweg führt am Steilufer aufwärts in den Buchenhochwald. Auf unserer Wanderung überschreiten wir den *Falkenberg*, bei dem die Küste fast 70 Meter Höhe erreicht. Wir wandern weiter zum 25 Meter hohen *Granitzer Ort* und zum 21 Meter hohen *Silvitzer Ort*. Die Sicht reicht weit über die Prorer Wiek zur Stubnitz.

Gleich nach dem Silvitzer Ort führt die Piratenschlucht zum Strand. Hier öffnet sich der Blick auf die Silhouette des Ostseebades Binz.

Der Weg führt am Strand entlang. Wir nehmen die erste Möglichkeit nach links, um in den Ort zu kommen. An dem Granitblock, der an die Gründung des *Ostseebades Binz* im Jahre 1884 erinnert, wandern wir nach rechts über die Strandpromenade, dann durch die Haupt- und die Bahnhofstraße zum Bahn-

Zu Tour 38 **Der »Rasende Roland« am Bahnhof Garftitz**

hof der Kleinbahn. Die Fahrt mit dem »Rasenden Roland« (Bäderexpreß) zurück zum *Ostseebad Sellin* ist sicher ein ganz besonderer Genuß nach dieser Tour entlang der ausgesetzten Steilküste der Granitz.

40 Stralsund - Rügischer Bodden - Bergen

Verkehrsmöglichkeiten Bahnverbindungen Stralsund - Bergen, Bergen - Putbus - Lauterbach, Putbus - Göhren; Busverbindungen Stralsund - Garz - Putbus - Bergen, Bergen - Saßnitz.
Parkmöglichkeiten In Stralsund Parkmöglichkeiten im Stadtbereich, in Bergen am Aussichtsturm im Rugard.
Wegmarkierung Ab der Abzweigung Gustrower Höfen nach dem Bahnhof Altefähr blauer Balken auf weißem Grund (Teilstück des Fernwanderweges Zittau - Kap Arkona).
Tourenlänge 70 km, 74 km über Putbus.
Wanderzeit $15^1/_2$ Stunden (2 Tage), $16^1/_2$ Stunden über Putbus.
Höhenunterschiede Etwa 250 Meter Anstieg und 200 Meter Abstieg.
Bademöglichkeit Strand bei Neuendorf.
Wanderkarten Touristenkarte Rügen-Hiddensee 1 : 100 000, Tourist Verlag. - Generalkarte 1 : 200 000, Blatt 27. - Ostseeküste, mittlerer und östlicher Teil 1 : 130 000, Haack, Gotha.

Wissenswertes 1240 wurde *Altefähr* bereits erwähnt. Mit Stralsund bestand seit 1856 eine Fährverbindung mit dem Raddampfer, ab 1883 konnten Eisenbahnwaggons befördert werden (Bahnlinie Altefähr - Bergen). 1936, nach dem Bau des Rügendammes, erlosch die Bedeutung dieser Fähre. - Im Gutshaus von *Groß Schoritz* wurde am 26. Dezember 1769 Ernst Moritz Arndt geboren. - *Putbus* siehe Tour 35. - *Bergen* ist heute das wirtschaftliche Zentrum Rügens. Es erhielt 1613 Stadtrecht. Die Marienkirche wurde 1180 unter Jaromar I. als romanische Basilika begonnen, gehörte dann ab 1193 als Klosterkirche dem Nonnenkloster in Bergen. Sie enthält bekannte Wandmalereien, in der Westwand ist ein slawischer Grabstein, vermutlich Swantevit darstellend, eingelassen. - Der Höhenrücken des *Rugard* erreicht 91 Meter Höhe (27 m hoher Aussichtsturm). Hier lag die slawische Siedlung Gora = Berg.

Anmerkung 1990 gab es keine Übernachtungsmöglichkeiten (Fremdenzimmer) in der Mitte der Strecke zwischen Groß Schoritz und Neuendorf. Dies sollte bei der Planung der Wanderung berücksichtigt werden. Es bietet sich an, diese in drei Teilstücke aufzuteilen.

Tourenbeschreibung Während der Sommermonate bietet sich die Fahrt mit der Fähre nach *Altefähr* an, um die Insel Rügen von Stralsund aus zu erreichen. Großartig ist der Blick zurück auf die Silhouette von Stralsund mit den Türmen der Marien-, der Jakobi- und der Nicolaikirche und den Hafen. Durch das gemütliche Altefähr wandern wir zur Abzweigung der Straße nach Garz und Putbus am *Bahnhof Altefähr*. Sonst erreichen wir diese Abzweigung von Stralsund über den Rügendamm.

Nach der Bahnunterführung am Bahnhof Altefähr sind es etwa 500 Meter zur Abzweigung nach Gustrower Höfen (Beginn der Wegmarkierung).

Auf dem Pflastersträßchen geht es zunächst zur Bahnlinie zurück, dann nach rechts durch die LPG. Danach wandern wir nach rechts auf dem Plattensträßchen bis *Jarkvitz*, direkt vor dem Ort auf dem Natursträßchen nach rechts zum Wegkreuz (etwa 300 m), geradeaus über dieses und auf einem Plattenweg durch eine Linkskurve und entlang einer Lindenreihe zu einem Wegkreuz, an dem zwei alte Weiden stehen (Wegkreuz vor Saalkow). An diesem Wegkreuz führt der Wanderweg nach rechts auf der Straße an einer Weidenreihe entlang, vorbei am Dewkenberg (Hügelgrab), direkt auf die Kirche in *Gustow* zu. Etwa 250 Meter sind es entlang der Landstraße in Richtung Poseritz zu einer einzeln stehenden Linde. Hier zweigt schräg nach rechts ein Plattenweg ab (Wegmarkierung). Dieser führt geradeaus durch

STRALSUND
KNIEPER NORD
GRÜN-HUFE
Altefähr
Dänholm
Drigge
ANDERS-HOF
DEVIN
VOIGDEHAGEN
Strelasund
Rambin
Samtens
Preetz
Kramerhof
Parow
Schmedshagen
Kedingshagen
Viersdorf
Pantelitz
Pütter See
Pütte
Langendorf
Zimkendorf
Lüssow
Borgwall-see
Groß Lüdershagen
Neu Lüdershagen
Teschenhagen
Wendorf
Negast
Zarrendorf
Seemühl
Gehag
Deviner See
Neuhof
Niederhof
Brandshagen
Glewitzer Ort
Barnkevitz
Scharpitz
Kasselvitz
Sellentin
Grahlhof
Klein Bandelvitz
Jarkvitz
Nesebanz
Kransdorf
Gustow
Warksow
Benz
Prosnitz
Sissow
Glitzow Hof
Venzvitz
Üselitz
Glutzow Siedlung
Mellnitz
Grabow
Neparmitz
Luppath
Poseritz
Poseritz Hof
Zeiten
Wulfsberg
Swantow
Renz
Pudden
Datzow Hof
Frankenthal
Götemitz
Mulitz
Groß Kniepow
Berglase
Groß Stubben
Fuchs-Berg
Foßberg
Losentitz
E22
E251
96
105
194

PUTBUS
GARZ
Samtens
Poseritz
Karnitz
Kasnevitz
GÜSTELITZ
WREECHEN
NEUENDORF
LONVITZ
LAUTER-
BACH
FREETZ
MUGLITZ
VILMNITZ
PASTITZ
STRESOW
GROß
ROSEN-
GARTEN
Rügischer Bodden
Schoritzer Wiek
Groß Schoritz
Wreechen-
see
Vilm
Zudar
Zicker
Maltzien
Foßberg
Üselitz
Venzvitz
Glutzow Siedlung
Glutzow Hof
Mellnitz
Grabow
Neparmitz
Puddemin
Silmenitz
Schabernack
Dumsevitz
Swantow
Renz
Wulfsberg
Luppath
Sissow
Benz
Warksow
Poseritz Hof
Zeiten
Groß Stubben
Datzow Hof
Frankenthal
Götemitz
Mulitz
Berglase
Groß Kniepow
Bietegast
Natzevitz
Negast
Rothen-
kirchen
Swine
Ketelshagen
Tangnitz
Dumgenevitz
Strachtitz
Krimvitz
Altkamp
Krakvitz
Glowitz
Neukamp
Wildgehege
Nistelitz
Wend. Hohlstein
Dumme
Fuchs-Bge.
Kanonen-B.
Tamsen-B.
E22
E251

eine LPG, geht dann in ein Natursträßchen über, das in einer Linkskurve an einer Pappelreihe und an einem Bach entlangführt. Kurz nach der Kurve folgen wir dem Feldweg rechts ansteigend auf die Anhöhe, danach geradeaus leicht abwärts auf ein Waldeck zu. Vor diesem, an einer einzeln stehenden Eiche mit Wegmarkierung, geht es ansteigend nach links und an einem Gehöft vorbei bis zum Sträßchen (Wendeplatz). Hier folgen wir dem nach rechts führenden Plattenweg, am Gutshof Sissow vorbei, nach *Venzvitz.*

Von Venzvitz bis Neukamp durchwandern wir nun eine Landschaft fernab vom großen Tourismus, eine ruhige und in der Einfachheit überzeugende Landschaft. Es ist die Strecke der ruhigen Wieken und des Rügischen Boddens, dort wo Land und Meer eins sind, wo sie ineinander übergehen.

Am Wegstern an der Bushaltestelle in Venzvitz führt unsere Wanderung auf dem zweiten Sträßchen von links, das heißt halbrechts, zur *Glewitzer Wiek*, zu einer der einsamsten Stellen auf der Insel. Zunächst wandern wir auf einem Asphaltsträßchen in der Nähe des Strelasunds, das später an einem Feldrand endet. Es geht weglos, gegebenenfalls auf Traktorspuren, zunächst zum Ufer der Glewitzer Wiek, dann am Feldrand entlang bis zu einer Anlegestelle für Fischerboote gegenüber dem Pappelwäldchen auf der Halbinsel Glenkow (Wegmarkierung an einer Erle). Hier wenden wir uns nach links und gehen auf Traktorspuren durch das Feld bergan auf zwei einzeln stehende Pappeln zu. Auf dem

Zu Tour 36, 38, 39 **Silhouette des Ostseebades Binz**

dort beginnenden Feldweg geht es geradeaus zum Reihenhaus von *Üselitz*.

Am Wegkreuz wandern wir nach rechts am Teich vorbei und auf dem Feldweg entlang einer Stromleitung weiter. Der Weg führt zum Deich an der Puddeminer Wiek, dann landeinwärts zwischen einem Feld und einer Hecke nach *Mellnitz*. Wir gehen durch den Ort, dann auf dem Asphaltsträßchen weiter zur Kreuzung vor Swantow. Hier folgen wir der Landstraße nach rechts, kommen durch *Puddemin* und überqueren nach zwei Kilometern die Straße Garz - Zudar geradeaus. Auf dem schmalen Sträßchen setzen wir unsere Wanderung nach *Groß Schoritz* fort. Vorbei am Geburtshaus von Ernst Moritz Arndt wandern wir weiter nach *Silmenitz*, rechts liegt die Schoritzer Wiek, gehen in dem kleinen Ort zunächst nach links, hinter einem Haus mit einer Esche nach rechts und wieder nach links. Am Ortsausgang liegt vor uns ein Hügelgrab, der Himmel.

Am folgenden Wegdreieck geht es nach rechts direkt auf den vor uns liegenden Rügischen Bodden zu. Nach einer kleinen Anlegestelle für Fischerboote führt der Weg wieder landeinwärts. Nach etwa einem Kilometer zweigt nach rechts ein breiter Feldweg ab (Wegmarkierung auf einem Findling). Wir folgen diesem an einer Baumreihe entlang und weiter zu einem Wegkreuz, an dem dieser stark befahrene Feldweg nach links abbiegt. Wir wandern auf dem wenig befahrenen Feldweg geradeaus auf einen Waldfleck und ein einzeln stehendes Gehöft zu. Der Weg führt links am Wald entlang und weiter (das Gehöft liegt nun 200 m links von uns) zu einem Plattensträßchen bei Altkamp. An der Weggabelung folgen wir dem Plattensträßchen nach rechts. Zwei Urdolmen, der Teetsbusch und der Hexenbusch, liegen am Wegrand und der Rügische Bodden zeigt sich in seiner ganzen Weite.

An der Wegkreuzung in *Neukamp* wandern wir geradeaus auf dem Plattensträßchen an der links liegenden Ortschaft Glowitz vorbei zum Ferienhotel Kleine Fischerin in Neukamp, hier nach links und über die Brücke. Etwa 100 Meter nach der Brücke führt unser Weg nach rechts durch ein Waldstück an der Küste zum Straßendreieck in *Neuendorf*, dann auf der Asphaltstraße nach rechts an gemütlichen Häusern vorbei nach *Lauterbach.*

In Lauterbach hat uns der Tourismus wieder eingeholt. Hier lohnt sich ein Abstecher in das aus klassizistischen Bauten bestehende Putbus mit dem Circus und dem Park.

Zu Tour 40 **An der Puddeminer Wiek**

In Lauterbach wandern wir am Hafen vorbei, dann nach rechts in den Vilmnitzer Weg. Kurz nach der Bahnunterführung zweigt nach rechts ein schmaler Weg ab, der als Pfad durch den Schilfgürtel zum Asphaltsträßchen führt, auf dem wir nach rechts zum *Badehaus Goor* kommen.

Vor dem Badehaus gehen wir zunächst zum Ufer, dann nach etwa 50 Metern über eine Treppe auf die Kante des Hochufers und mit guter Sicht auf die Insel Vilm an diesem entlang, bis wir nach einer Feriensiedlung auf ein Natursträßchen treffen. Wir folgen dem sich anschließenden Pfad in Ufernähe. Der Pfad führt über eine Brücke, an der folgenden Feldgrenze nach links und durch zwei Weidenreihen landeinwärts zu einem Waldweg. Auf diesem wandern wir nach rechts, zunächst an einem Kiefernforst entlang, dann auf dem Weg über die Felder geradeaus durch die wenigen Häuser von *Muglitz.* Wir bleiben in Ufernähe bis der Weg in das Gelände eines Ferienheims mündet. Nun müssen wir auf einem schmalen Pfad durch das Dickicht rechts am Zaun entlang (100 m), um an einer Feldgrenze wieder auf einen Feldweg zu kommen, dem wir nach rechts bis *Groß Stresow* folgen. Die unvergleichliche Sicht über die Stresower Bucht entschädigt uns für das schlechte Wegstück.

Von hier führt das Sträßchen links bergan, rechts oben steht eine Säule auf der Anhöhe, die an die Landung der Dänen und Preußen unter Friedrich Wilhelm I. auf Rügen 1715 erinnert. Leicht bergab erreichen wir zwischen Eichen die Mönchguter Landstraße. Hier wandern wir 50 Meter nach rechts, dann nach links bergan über den Tannenberg (52 m) nach *Nistelitz.*

Es geht geradeaus durch den Ort zum *Bahnhof Seelvitz.* Wir überqueren die Gleise der Kleinbahn von Putbus zum Ostseebad Göhren (Bäderexpreß), wandern am Bakenberg entlang und nach links abwärts nach *Viervitz.*

Zum Weiterwandern bietet sich nur die Straße nach rechts nach Zirkow an. In *Zirkow* kommen wir am Denkmalhof vorbei. Nun gibt es zwei Möglichkeiten: entweder entlang der B 196 nach links nach *Karow* oder geradeaus über die B 196 und auf dem Pflastersträßchen durch die Rotbuchenallee nach *Kieckut* und von hier aus nach links durch eine weitere Rotbuchenallee (B 196 a) nach *Karow.* Die zweite Möglichkeit ist als Fernwanderweg ausgewiesen und schöner, aber länger.

In Karow geht es einen Kilometer entlang der B 196 in Richtung Bergen, dann nach rechts auf dem Plattensträßchen nach *Zirzevitz* und *Dumsevitz.* In Dumsevitz folgen wir dem Plattensträßchen weiter nach links. Dieses geht bei der LPG in eine Asphaltstraße über. Wir gehen weiter bis zur Bushaltestelle (links ist die Allee der B 196 zu sehen) und von hier nach rechts durch *Tetel* und *Zittvitz* zum Ortseingang von *Buschvitz.*

Links bergan führt ein Feldweg, zunächst an Häusern vorbei, dann über Felder zum Waldgebiet des Rugard. Geradeaus erreichen wir über den markierten Weg den Aussichtsturm auf der höchsten Stelle des Rugard, von dem der Blick weit über das Inselinnere von Rügen reicht.

Wer nach Saßnitz weiterwandert, zweigt unterhalb des Turms ab (Wanderung 44). Zum Bahnhof geht es über den Rugardweg und die Vieschstraße zum Marktplatz, dann weiter durch die Markt- und die Bahnhofstraße.

41 Lohme - Königsstuhl - Nipmerow - Lohme

Verkehrsmöglichkeiten Busverbindungen Saßnitz - Lohme, Saßnitz - Stubbenkammer.
Parkmöglichkeit In Lohme Parkplatz an der Bushaltestelle in der Ortsmitte.
Wegmarkierung In Lohme Wegweiser Hochuferweg zum Königsstuhl, Königsstuhl - Nipmerow blauer Balken auf weißem Grund.
Tourenlänge 9 km.
Wanderzeit 2 1/4 Stunden.
Höhenunterschiede Je etwa 60 Meter An- und Abstieg.
Wanderkarten Touristenkarte Rügen-Hiddensee 1 : 100 000, Tourist Verlag. - Generalkarte 1 : 200 000, Blatt 27. - Ostseeküste, mittlerer und östlicher Teil 1 : 130 000, Haack, Gotha.
Wissenswertes Das Steilufer an der *Nordküste Jasmunds* ist bei Lohme etwa 70 Meter hoch, am Königsstuhl 117 Meter. Am Königsstuhl und an der etwa 500 Meter entfernten Victoria-Sicht fallen die Kreidefelsen am höchsten in die Ostsee ab. Die Kreideformation der Stubnitz ist vor allem mit der Luftfeuchtigkeit liebenden Rotbuche bestanden. - In *Lohme* stehen die Sendeanlagen der Seefunkstelle Rügen. - Der 114 Meter hoch gelegene *Herthasee* ist 11 Meter tief und wird auch Schwarzer See genannt. An seiner Nordseite überragt ihn der 10 Meter hohe Burgwall der Herthaburg aus der Slawenzeit.
Anmerkung Der Hochuferweg ist ab Lohme zunächst gut beschildert. Nach etwa 30 Minuten wird für den Ortsunkundigen die Wegfindung etwas schwieriger. Es gibt mehrere Möglichkeiten, wir haben die geradlinigste aufgeführt.

Zu Tour 40 **Blick von Altefähr auf Stralsund**

Tourenbeschreibung Vom Parkplatz in *Lohme* sind es etwa 150 Meter zum Steilufer, an dem der Hochuferweg zum Königsstuhl beginnt. Dieser führt zunächst unterhalb der Hangkante entlang zum kleinen Leuchtturm, dann auf die Verebnung etwas landeinwärts und im weiteren Verlauf den weißen Pfeilen folgend über einen Rücken zu einem Plattensträßchen.

Nach etwa 150 Metern auf dem Plattensträßchen folgen wir nicht den Pfeilen nach rechts und auch nicht dem Plattenweg abwärts, sondern wandern nahezu geradeaus auf dem Waldweg zur Stubbenkammerstraße. Auf dieser sind es noch etwa 150 Meter nach links zum *Königsstuhl.*

Vom Königsstuhl gehen wir auf der Stubbenkammerstraße zurück, bis 100 Meter nach der Bushaltestelle in der Linkskurve der Wanderweg zum Herthasee abzweigt (Wegmarkierung blauer Balken auf weißem Grund). Auf der rechten Seite des Sees liegt die Herthaburg. Unser Weg führt links am See entlang. Wir folgen dem Weg ohne abzuzweigen bis zum ausgegrabenen Hünengrab. Hier führt der Weg weiter über den Rücken bis vor den Waldrand, dann bergab, geradeaus über einen Waldweg und ohne abzuzweigen geradeaus in Waldrandnähe weiter. Vom Waldende erreichen wir zwischen einem kleinen See und dem Feld den nächsten Waldfleck. In diesem geht es am rechten Waldrand entlang zu einem Waldparkplatz und nach rechts auf dem Sträßchen nach *Nipmerow.*

Trotz der asphaltierten Landstraße ist die Wanderung von Nipmerow zurück nach *Lohme* schön. Durch die Alleebäume reicht die Sicht über die Tromper Wiek bis zur Steilküste am Kap Arkona.

42 Glowe - Tempelberg - Bobbin - Schloß Spyker - Glowe

Verkehrsmöglichkeit Busverbindung Sagard - Bobbin - Glowe - Altenkirchen - Dranske.
Parkmöglichkeit In Glowe Parkplatz an der Bushaltestelle schräg gegenüber der Gaststätte Zur Schaabe.
Wegmarkierung Glowe - Schloß Spyker blauer Balken auf weißem Grund.
Tourenlänge 12 km.
Wanderzeit 2 3/4 Stunden.
Höhenunterschiede Jeweils etwa 70 Meter An- und Abstieg.
Wanderkarten Touristenkarte Rügen-Hiddensee 1 : 100 000, Tourist Verlag. - Generalkarte 1 : 200 000, Blatt 27. - Ostseeküste, mittlerer und östlicher Teil 1 : 130 000, Haack, Gotha.
Wissenswertes 1868 wurde durch den Bau des Dammes bei Lietzow der *Kleine Jasmunder Bodden* vom *Großen Jasmunder Bodden* getrennt. Am Ende des letzten Jahrhunderts verlandete auch die Verbindung zwischen der Ostsee und dem Großen Jasmunder Bodden. So sind die ehemals durch Meerwasser gefüllten 6 bis 7 Meter tiefen Zungenbecken nahezu zu »Binnenseen« geworden. - Das seit 1314 bekannte *Glowe* war ursprünglich ein Fischerdorf. Der Name bedeutet slawisch glowva = Kopf. - Auf der 50 Meter hohen Erhebung des *Tempelbergs* bei Bobbin befand sich eine slawische Kultstätte. - Die aus Feldsteinen erbaute Kirche Sankt Paul in *Bobbin* stammt aus der Zeit um 1400. - *Schloß Spyker*, ein Backsteinbau aus dem Ende des 16. Jahrhunderts wurde nach dem Dreißigjährigen Krieg, 1650, für den schwedischen Marschall Carl Gustav Wrangel ausgebaut.
Tourenbeschreibung Vom Parkplatz in *Glowe* wandern wir auf dem Asphaltsträßchen (Alt Glowe) in südöstlicher Richtung durch den alten Ortsteil, nach den letzten Häusern auf dem Feldweg weiter nach Weddeort. An dem einzeln stehenden Gehöft führt der Weiterweg nach links um das Gehöft bis zum Zaunende, dann auf dem Pfad nach rechts durch das Sanddorngebüsch und den Pappelwald zum Deich, über diesen zum Steg,

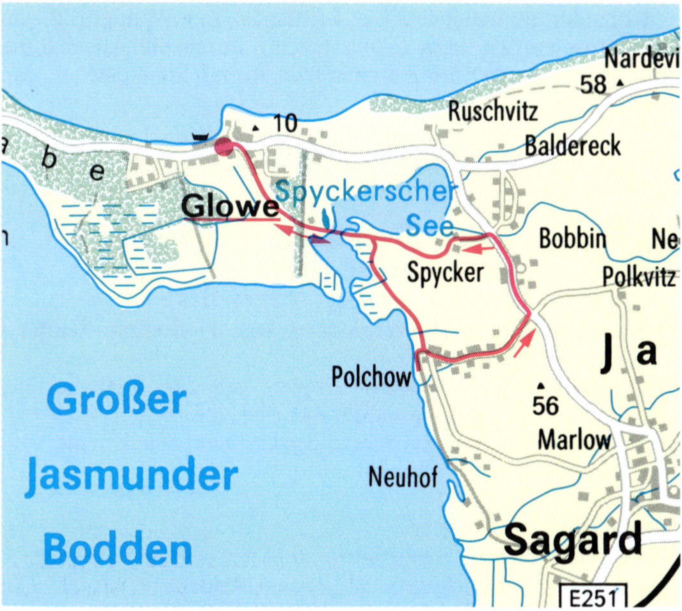

auf dem wir die Verbindung zwischen dem Spykerschen See und dem Mittelsee (Kleine Wedde) überqueren. Am Ende des Dammes liegen Schloß Spyker, die erhaben auf einem Hügel stehende Kirche von Bobbin und der Tempelberg vor uns.

Nach dem Damm folgen wir dem Feldweg nach rechts an der Boddenküste entlang nach *Polchow*. Am Wegkreuz am Ende der Wochenendsiedlung am Jasmunder Bodden lohnt sich ein Abstecher nach rechts zum etwa 500 Meter entfernten alten Hafen. Richtig ursprünglich ist die Landschaft hier.

Wir wandern zurück zum Wegkreuz an der Wochenendsiedlung und hier geradeaus weiter (vom Weg vom Deich nach links) durch den langgezogenen Ort Polchow bergan zur Landstraße Sagard - Glowe. Von hier aus sind es 250 Meter nach links zum Tempelberg mit einer Aussicht, die als großartig bezeichnet werden muß. Die Fernsicht reicht vom Kap Arkona über die Schaabe, den Großen Jasmunder Bodden, zu den Banzelvitzer und den Schwarzen Bergen. Weit im Westen sind die Höhen des Dornbuschs auf Hiddensee zu erkennen. Unten liegt Schloß Spyker und in der Nähe thront erhaben die Kirche von Bobbin auf einer Anhöhe.

Kurz ist der Weg auf der Landstraße bergab nach *Bobbin*. Von Bobbin aus besteht die Möglichkeit, mit dem Bus nach Glowe zurückzufahren. Sonst wandern wir 500 Meter bergab und an der Abzweigung nach Spyker nach links zum ehemaligen Schloß Spyker, um dieses herum und auf der Haupteingangsseite (die Seite am Spykerschen See) zu einem Fahrweg. Es geht 100 Meter nach links, zwischen Weiden hindurch, dann auf dem nach rechts führenden Feldweg zum Beginn des Deiches, von dem aus der Rückweg nach Glowe bekannt ist.

43 Ralswiek - Banzelvitzer Berge und zurück

Verkehrsmöglichkeit Busverbindung Bergen - Ralswiek.
Parkmöglichkeit Parkplatz am Boddenufer in Ralswiek.
Wegmarkierung Keine.
Tourenlänge 15,5 km.
Wanderzeit 3 1/2 Stunden.
Höhenunterschiede Je etwa 80 Meter An- und Abstieg.
Wanderkarten Touristenkarte Rügen-Hiddensee 1 : 100 000, Tourist Verlag. - Generalkarte 1 : 200 000, Blatt 27. - Ostseeküste, mittlerer und östlicher Teil 1 : 130 000, Haack, Gotha.
Wissenswertes In den *Banzelvitzer Bergen* liegen Fundstellen der Lietzow-Kultur, die den Übergang von der Stufe des wan-

Zu Tour 42, 46 **Die Kirche von Bobbin thront erhaben auf einem Hügel neben dem Tempelberg**

dernden Jägers zum seßhaften Ackerbauern vor etwa 5000 Jahren auf Rügen belegt. – In der Nähe der Badestelle an den Banzelvitzer Bergen ist ein Naturflächendenkmal mit einem ausgedehnten Küchenschellenbestand (Pulsatilla vulgaris) ausgewiesen.

Anmerkungen Topographisch gehört die Wanderstrecke nicht zu Jasmund. Wir führen sie jedoch hier auf, da die Tour an den Großen Jasmunder Bodden führt. – Die Steilküste an den Banzelvitzer Bergen ist nicht erschlossen, sie sollte nicht beschädigt werden.

Tourenbeschreibung Diese Wanderung zum Großen Jasmunder Bodden führt zu einer der besten Aussichtsstellen auf Rügen. Vom Parkplatz am Bodden in *Ralswiek* gehen wir durch den Haupteingang in den Park des ehemaligen *Schlosses Ralswiek* und gelangen durch diesen aufwärts zum oberen Eingang des Pflegeheims. Hier halten wir uns leicht nach links und wandern auf dem Waldweg durch das hügelige Gelände. Nach etwa 400 Metern geht es am Wegkreuz nach links aufwärts, über die Kuppe und bergab bis etwa 30 Meter vor den Waldrand. Hier folgen wir dem nach rechts abzweigenden Weg am Hang entlang. Vor uns öffnet sich der Blick auf den Großen Jasmunder Bodden und auf das Ziel unserer Wanderung, die Banzelvitzer Berge.

Nach einer kurzen Wegstrecke erreichen wir den Waldrand an einer Buchengruppe, treten auf den Weg am Waldrand hinaus und queren auf einem zerfahrenen Weg am Feldrand das 200 Meter breite Feld zum nächsten Waldstück. Hier nehmen wir den Weg nach rechts und gehen geradeaus in den Wald auf einen Waldweg (der Feldweg führt rechts am Waldrand entlang weiter), auf dem wir ohne abzuzweigen den Waldfleck durchqueren (300 m). Danach setzen wir unsere Wanderung geradeaus auf dem Feldweg fort, der bergab führt. Dabei öffnet sich der Blick wieder auf den Großen Jasmunder Bodden und auf die 45 Meter hohen Banzelvitzer Berge, deren südliche Begrenzung steil aus dem Bodden ragt. Am Ende des Abhangs wandern wir nach rechts Richtung Bodden und weiter durch den Erlenbruch zu den ersten Häusern von *Moisselbritz.*

Wir folgen dem Weg am Boddenufer entlang zur nächsten Häusergruppe, gehen auf diesem landeinwärts und am Wegdreieck auf dem Sträßchen nach rechts durch das Gehöft zurück zum Boddenufer. An diesem wandern wir weiter und auf dem folgenden Deich auf die Banzelvitzer Berge zu.

Am Ortsrand von *Groß Banzelvitz* geht es wenige Meter nach rechts zum Sanddorngebüsch am Boddenufer und dann 200 Meter nach links zur kleinen Badestelle am Großen Jasmunder Bodden. Von hier führen Steigspuren von dem Küchenschellenhang links aufwärts zum Campingplatz. Vom Waschhäuschen folgen wir Steigspuren rechts aufwärts zu einem zugewachsenen Vermessungspunkt und von dort abwärts zu einer Erdkanzel. Obwohl die letzten Meter zur Erdkanzel auf einem sehr schmalen, zugewachsenen Pfad durch dichtes Gebüsch führen, lohnt sich die Mühe. Der Ausblick von der Erdkanzel ist charakteristisch für Rügen: Vor uns liegt in seiner ganzen Weite der Große Jasmunder Bodden. Der Endmoränenwall der Schwarzen Berge mit dem Schloßberg und der Damm, der den Großen vom Kleinen Jasmunder Bodden trennt, rahmen ihn im Süden ein. Dahinter ist die Schmale Heide zu erkennen, hinter der die Steilküste der Granitz aufragt. Im Osten liegen die Semper Heide und der Kreiderücken Jasmunds, im Norden die Schaabe und Kap Arkona. Nicht zuletzt erkennen wir Lietzow mit der Kopie des Schlosses Lichtenstein und die Kirche von Bobbin.

Zurück wandern wir auf demselben Weg nach *Ralswiek.* Beim Aufstieg zum Waldflecken sollten wir es nicht versäumen, nochmals auf den größten Bodden Rügens zurückzuschauen.

44 Bergen - Lietzow - Saßnitz

Verkehrsmöglichkeiten Bahnverbindungen Stralsund - Bergen - Lietzow - Saßnitz, Bergen - Putbus - Lauterbach, Lietzow - Binz; Busverbindungen Bergen - Sagard - Saßnitz.
Parkmöglichkeiten In Bergen Parkplatz in der Nähe des Aussichtsturmes auf dem Rugard, in Saßnitz Parkplatz in der Nähe des Bahnhofs.
Wegmarkierung Blauer Balken auf weißem Grund. Zwischen Sagard und Saßnitz lückenhaft (Teilstück des Fernwanderweges Zittau - Kap Arkona).
Tourenlänge 27 km.
Wanderzeit 6 Stunden.
Höhenunterschiede Etwa 200 Meter Anstieg und 250 Meter Abstieg.
Bademöglichkeit Strand am Großen Jasmunder Bodden bei Lietzow.
Wanderkarten Touristenkarte Rügen-Hiddensee 1 : 100 000, Tourist Verlag. - Generalkarte 1 : 200 000, Blatt 27. -
Wissenswertes Der *Rugard*, ein Teil des zentralen Inselkerns, ist ein bewaldetes Endmoränengebiet. Auf seiner höchsten Erhebung (91 m), auf der heute der Aussichtsturm steht, lag die slawische Siedlung ›Gora‹ = Berg. - *Bergen* siehe Tour 40. - *Ralswiek* war zwischen dem 9. und dem 12. Jahrhundert vermutlich der größte slawische Handelsplatz. Nach der Unterwerfung der Slawen hatte hier der Propst des Bischofs von Roskilde seinen Sitz. Der schottische Graf Douglas ließ Schloß Ralswiek 1891 im Stil der französischen Renaissance errichten. Der alte Baumbestand mit etlichen Seltenheiten im Park des Schlosses verdient Beachtung. - Der Damm, der heute *den Großen* und den *Kleinen Jasmunder Bodden* trennt, wurde 1868 erbaut, um eine günstige Verbindung zwischen Bergen und Saßnitz zu schaffen. Das Schlößchen, das sich der Bahningenieur bei der Fertigstellung der Bahnlinie (1891) bauen ließ, ist eine Kopie des Schlosses Lichtenstein auf der Schwäbischen Alb. - *Saßnitz* mit dem Fähr- und Fischereihafen ist Ausgangspunkt für die Wanderungen in die Stubnitz (Naturschutzgebiet Jasmund). Oberhalb der Stadt sind noch die alten Kreidebrüche zu sehen, die neuen liegen westlich des Ortes.
Tourenbeschreibung Den Ausgangspunkt unserer Wanderung von Bergen nach Saßnitz, den Aussichtsturm auf dem Rugard, erreichen wir vom Bahnhof *Bergen* aus über die Bahnhofstraße, den Marktplatz, die Vieschstraße und den Rugardweg.

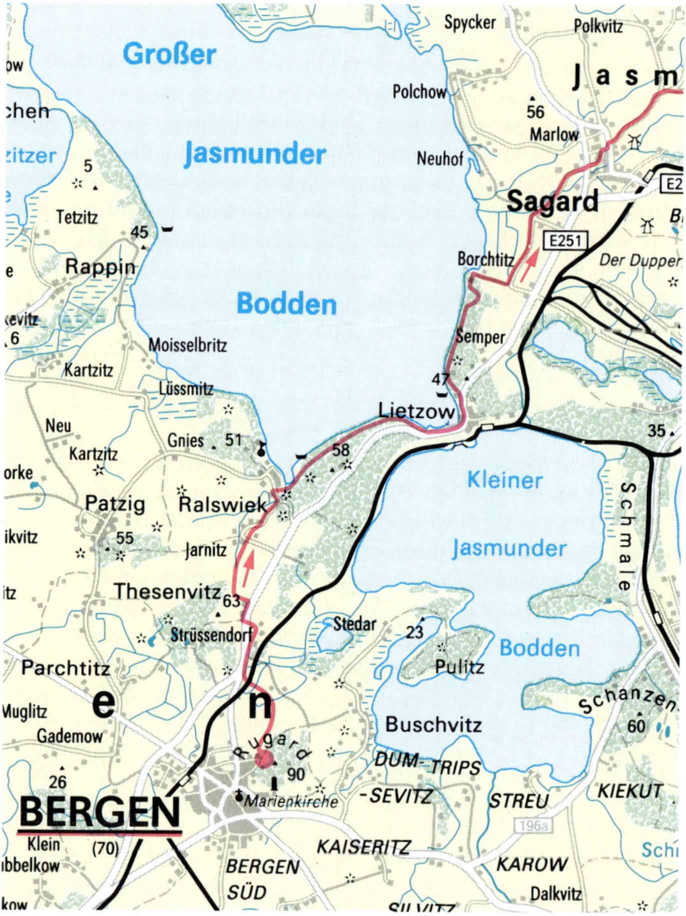

Vor dem Turm (von Bergen aus gesehen) zweigt unser Weg an zwei (verfallenen) Hinweistafeln nach links ab. Schon nach 50 Metern geht es nach rechts steil bergab in ein Wiesentälchen und am gegenüberliegenden Berghang zum Fahrweg. Der Wanderweg führt oberhalb des Fahrwegs entlang bis er in diesen übergeht. Auf dem Feldweg wandern wir weiter an einem Haus vorbei zum Plattensträßchen, das nach etwa 400 Metern nach links nach *Prisvitz* führt.

Nach dem Bahnübergang gehen wir nach rechts der Bahn entlang, dann nach links durch *Strüßendorf* und weiter links haltend zur B 96. Auf dieser 200 Meter nach rechts bis vor ein Haus, an dem wir nach links abzweigen. Wir wandern nach wenigen Metern nach rechts an einer Feldgrenze entlang zum Landsträßchen zwischen der B 96 und Jarnitz, über dieses geradeaus und ohne abzuzweigen an einer Pappelreihe entlang durch ein Wäldchen abwärts zum Beginn der Lindenallee, die nach links nach Ralswiek und zum Schloß Ralswiek führt. Nach 150 Metern, vor dem Beginn der geschlossenen Bebauung, zweigen wir nach rechts ab, folgen dem Fahrweg etwa 300 Meter, bis der Weg an den Schilfgürtel am südlichen Ufer des Jasmunder Boddens trifft. Hier wandern wir nach rechts bergan durch die Schwarzen Berge (40 m) und entlang der Hangkante zum *Augustenhof*, einer der Fundstellen der Lietzow-Kultur. Wir durchqueren den Hof, bleiben immer in derselben Richtung, auch am folgenden Wegkreuz, an dem wir den Weg geradeaus nehmen, zur B 96.

Auf dem Weg links der Straße geht es gut markiert weiter, bis auf der linken Seite der Große Jasmunder Bodden durch die Bäume schimmert. Ein kurzer Abstecher zum Ufer lohnt sich wegen des Blicks auf dieses kleine ›Binnenmeer‹ und auf Lietzow. Von hier schließt sich sumpfiges Gelände bis zur B 96 an. An dieser gehen wir nach links über die Verbindung zwischen dem Großen und dem Kleinen Jasmunder Bodden nach *Lietzow*.

Am Parkplatz nach der Gaststätte Strandeck an der B 96 steigen wir nach links die Treppen hinunter zum Strand, wandern an diesem nach rechts an den neuen Hotelanlagen vorbei zum Beginn des Steilufers. Von hier führt ein schmaler Waldweg abwechselnd am Steilufer und im Hangbereich durch die *Semper Heide*. Am Anfang haben wir einen schönen Blick zurück nach Ralswiek. Die Wegmarkierungen verlieren sich im Verlauf des Weges etwas (nicht mehr neu markiert). Im Hangbereich ist nun etwas Aufmerksamkeit geboten, um den nach rechts führenden Hauptweg nicht zu verpassen (Wegmarkierung an Rotbuchen). Kurz nach den beiden markierten Rotbuchen wandern wir nach links, gleich darauf nach rechts und durch einen Fichtenforst zu einem Querweg. Auf diesem geht es nach links, an der folgenden Weggabelung ebenfalls nach links und dann bergab zu einem Sträßchen in der Nähe des Boddens. Nach etwa 600 Metern landeinwärts folgen wir dem nach links abzweigenden Sträßchen zur Straße, die von der B 96 nach Vorwerk führt.

Hier wandern wir geradeaus und am Wegdreieck nach etwa 150 Metern auf dem Asphaltsträßchen nach rechts nach *Sagard* (ab dem Straßendreieck abweichend vom markierten Fernwanderweg nach Sagard). An den Silotürmen der LPG geht es nach rechts und an den ersten Häusern in Richtung des Kirchturms von Sagard. Kurz darauf queren wir die Landstraße geradeaus, wandern weiter auf den mächtigen Backsteinbau der Kirche zu und vor diesem nach links (August-Bebel-Straße) zum Ortsausgang am Friedhof. An dieser Stelle treffen wir wieder auf die Wegmarkierung des Fernwanderwegs.

Wir folgen dem Landsträßchen in Richtung Neddesitz. An der Straßengabelung geht es nach rechts in Richtung Hagen, nach 150 Metern wiederum nach rechts in Richtung Promoisel (ab hier ist die Wegmarkierung sehr lückenhaft). Das Pflastersträßchen steigt nach *Promoisel* an. Wir wandern durch den Ort, bleiben immer auf dem Pflastersträßchen, kommen an einem einzeln stehenden Haus an einem wassergefüllten Toteisloch vorbei zum Wald und dann nach etwa 400 Metern zu einem Wegdreieck.

An diesem gehen wir nach rechts, biegen nach etwa 200 Metern an der nächsten Wegaufteilung wiederum nach rechts ab (ohne Wegmarkierung) und wandern durch den Buchenhochwald zu einem Pflastersträßchen. Hier gehen wir 20 Meter nach links bis vor den Wegstern und an diesem scharf nach rechts, weiter durch den Buchenhochwald und auf einem Pflastersträßchen abwärts. Kurz nach der Gefällstrecke zweigen wir nach links in einen Waldweg ab, am folgenden Wegkreuz wiederum nach links und an der nächsten Weggabelung nach rechts steil abwärts zum Pflastersträßchen. Diesem folgen wir weiterhin abwärts, am Friedhof entlang zum Bahnübergang und nach diesem nach links zum Bahnhof in *Saßnitz.*

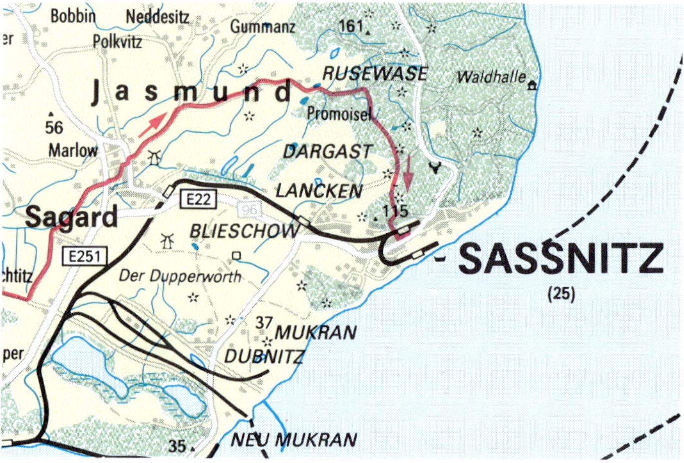

45 Saßnitz - Stubnitz - Königsstuhl

Verkehrsmöglichkeiten Bahnverbindung Stralsund - Bergen - Saßnitz; Busverbindung Saßnitz - Stubbenkammer.
Parkmöglichkeit In Saßnitz Parkplatz in der Bahnhofstraße.
Wegmarkierung Blauer Balken auf weißem Grund (Teilstück des Fernwanderweges Zittau - Kap Arkona).
Tourenlänge 10 km.
Wanderzeit $2^1/_2$ Stunden.
Höhenunterschiede Etwa 350 Meter Anstieg und 250 Meter Abstieg.
Wanderkarten Touristenkarte Rügen-Hiddensee 1 : 100 000, Tourist Verlag. - Generalkarte 1 : 200 000, Blatt 27. - Ostseeküste, mittlerer und östlicher Teil 1 : 130 000, Haack, Gotha.
Wissenswertes Eine Zeit lang war *Saßnitz* Rügens bedeutendster Badeort. Heute liegt die Bedeutung im Fährverkehr mit Skandinavien und im Fischfang. - Der *Kreiderücken der Stubnitz* ist von ausgedehnten Buchenwäldern überzogen, in denen aufgrund der hohen Luftfeuchtigkeit fast ausschließlich die Rotbuche auftritt. Im Frühjahr sind in der Krautschicht Leberblüm-

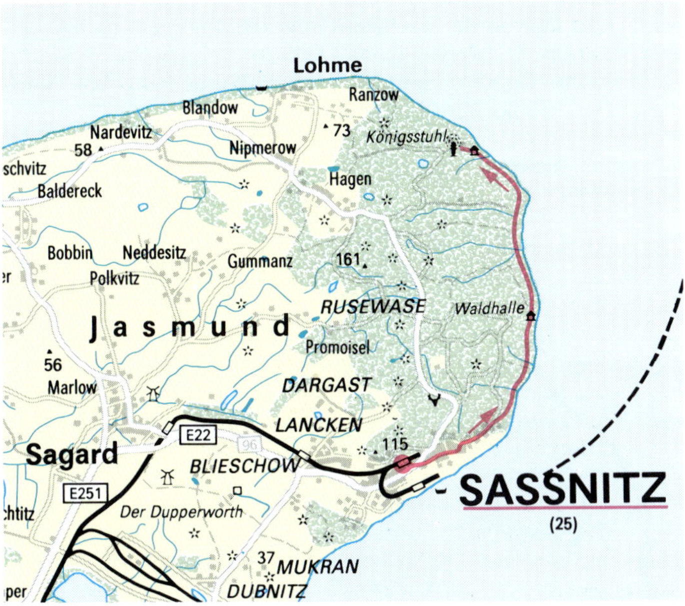

chen, Anemonen und Schlüsselblumen häufig. Die höchste Erhebung ist mit 161 Metern der Piekberg. – Die *Victoria-Sicht* an der Kleinen Stubbenkammer wurde von König Wilhelm I. am 10. 6. 1865 benannt.

Tourenbeschreibung Ausgangspunkt für unsere Wanderung ist der Bahnhof in *Saßnitz*. Wir folgen der Bahnhofstraße bergab zur Karl-Marx-Straße. Wandern wir hier 150 Meter geradeaus weiter, können wir die gesamten Hafenanlagen überblicken.

Zum Beginn des Waldes folgen wir der Karl-Marx-Straße nach links in den alten Ortskern von Saßnitz, weiter durch die Berg- und die Ernst-Thälmann-Straße zum Waldrand.

Der Weg folgt nun im Auf und Ab dem Hochufer mit faszinierenden Blicken auf das Steilufer. Wir passieren die Kreidekegel Wissower Klinken, durch ein Gemälde von Caspar David Friedrich festgehalten, Tipper Ort sowie das Hohe Ufer und queren vier tief eingeschnittene Bäche, den Lenzer-, den Kieler-, den Kollicker- und den Steinbach, die sich steil in die Kreideformation eingegraben haben. Von der Victoria-Sicht, etwa 500 Meter vor dem Königsstuhl, blicken wir fast senkrecht über die Kreidesteilwand zum Strand. Vor uns liegt der Königsstuhl, der 117 Meter aus der See aufragt. Auf dem Weg zum Königsstuhl gibt es dann die Möglichkeit zum Strand hinunterzugehen.

Der Ausblick vom Königsstuhl auf die Ostsee und in die Kreidesteilwände sucht seinesgleichen. Links unten liegt der 22 Kubikmeter große und 59 Tonnen schwere Waschstein, ein mächtiger Findling.

Wer nicht auf dem gleichen Weg zurückwandern will, kann von der Bushaltestelle unterhalb des Parkplatzes mit dem Bus nach Saßnitz zurückfahren.

46 Königsstuhl – Schloß Spyker – Glowe

Verkehrsmöglichkeiten Busverbindungen Saßnitz – Stubbenkammer, Glowe – Sagard – Saßnitz.

Parkmöglichkeit Parkplatz beim Königsstuhl.

Wegmarkierung Blauer Balken auf weißem Grund (Teilstück des Fernwanderweges Zittau – Kap Arkona).

Tourenlänge 17 km.

Wanderzeit 3 3/4 Stunden.

Höhenunterschiede 30 Meter Anstieg, 140 Meter Abstieg.

Wissenswertes *Stubnitz* siehe Tour 45. – *Herthasee* siehe Tour 41.

- *Schloß Spyker* siehe Tour 42. - *Glowe* siehe Tour 42. - *Tempelberg* siehe Tour 42.

Tourenbeschreibung Vor Beginn der Wanderung lohnt sich der Weg zur Aussichtsplattform auf dem Königsstuhl und zur 500 Meter entfernten Victoria-Sicht. Der Blick über und in die Kreidesteilwände der Stubbenkammer und auf die Ostsee ist einmalig.

Vom Parkplatz am *Königsstuhl* sind es wenige Meter auf der Straße zur Bushaltestelle. 100 Meter nach der Bushaltestelle wandern wir auf dem Waldweg (Wegweiser) zum Herthasee mit der rechts oben liegenden Herthaburg. Unser Weiterweg führt links am See entlang. Wir folgen dem Waldweg zum ausgegrabenen Hünengrab, weiter über den Rücken bis vor den Waldrand, dann bergab, geradeaus über einen Waldweg und ohne abzuzweigen in Waldrandnähe geradeaus weiter. Vom Waldende erreichen wir den nächsten Waldfleck auf einem Pfad zwischen einem kleinen See und dem Feld. Es geht am rechten Waldrand entlang zu einem Waldparkplatz, dann rechts auf dem Sträßchen nach *Nipmerow* mit einem schönen Blick auf die Tromper Wiek mit Kap Arkona, auf der Straße 30 Meter nach links und nach rechts auf der Landstraße in Richtung Altenkirchen bis vor das Ortsendeschild.

Hier zweigt nach links ein Feldweg ab. Auf diesem wandern wir am Haus am Moor vorbei zum Wegdreieck vor dem ersten Haus von *Nardevitz* und von hier nach rechts in den Ort. Von Nardevitz bleibt uns nur die Möglichkeit, nach links auf der Landstraße zur vier Kilometer entfernten Abzweigung nach

Sagard zu kommen. Von dieser sind es dann nochmals etwa 600 Meter entlang der Landstraße in Richtung Sagard, bis am Ende einer LPG ein Weg nach rechts abzweigt, auf dem wir *Schloß Spyker* erreichen.

Der Fahrweg führt rechts am Schloß vorbei. Wir wandern auf diesem bis ans Ende der Weidenreihe (100 m), dann nach rechts auf dem Feldweg, bis nach rechts der Damm in Richtung Glowe beginnt. Der Pfad führt auf dem Damm durch Gebüsch, dann über den Verbindungssteg zwischen dem Spykerschen See und dem Mittelsee, weiter auf dem Damm, bis wir nach einem Pappelwäldchen auf den Querweg an einem Gehöft treffen. Hier geht es nach links und in einem Rechtsbogen um das Gehöft. Auf dem Fahrweg erreichen wir nun direkt die Bushaltestelle am Gasthaus Zur Schaabe in *Glowe*.

47 Putgarten - Vitt - Kap Arkona - Gellort - Putgarten

Verkehrsmöglichkeit Busverbindung Altenkirchen - Putgarten, jedoch nur zwei Mal täglich.
Parkmöglichkeit Parkplatz am Ortsausgang von Putgarten in Richtung Kap Arkona.
Wegmarkierung Keine.
Tourenlänge 5 km. **Wanderzeit** 1 1/4 Stunden.
Höhenunterschiede Keine nennenswerten.
Wanderkarten Touristenkarte Rügen-Hiddensee 1 : 100 000, Tourist Verlag. - Generalkarte 1 : 200 000, Blatt 27. - Ostseeküste, mittlerer und östlicher Teil 1 : 130 000, Haack, Gotha.
Wissenswertes Das Kreidekliff von *Kap Arkona* erhebt sich 46 Meter über das Meer. Von der einstigen slawischen Tempelstätte und der Jaromarsburg sind nur noch die Wälle auf der Landseite erhalten, die seeseitigen wurden im Laufe der Zeit von der Ostsee weggespült. - Der alte *Leuchtturm* auf Kap Arkona entstand 1826 bis 1829 nach Plänen von Friedrich Karl Schinkel. Der daneben stehende neue Leuchtturm wurde am 2. 12. 1902 in Betrieb genommen und weist seither ohne Unterbrechung den Schiffen den Weg. Er ist 35 Meter hoch und erreicht damit eine Höhe von 74 Metern über dem Meer. Sein Licht ist über 25 Seemeilen zu sehen. - Das alte Fischerdorf *Vitt* war früher der wichtigste Fischhandelsplatz auf Rügen. Oberhalb des Ortes steht die achteckige Kapelle, die Ludwig Theobul Kosegarten, der Pastor von Altenkirchen, 1806 erbauen ließ.

Zu Tour 42, 46 **Blick über den Mittelsee auf Schloß Spyker und Bobbin**

Anmerkung An der Steilküste ist Vorsicht geboten, da die Wege teilweise nicht gesichert sind.

Tourenbeschreibung Von *Putgarten* wandern wir auf dem Sträßchen nach Vitt (Wegweiser) zur achteckigen Kapelle, die über dem kleinen Fischerdorf steht, das sich in eine schützende Hochuferschlucht (Liete) schmiegt. Vom Hafen haben wir einen schönen Blick auf das steil aus der Ostsee aufsteigende Kap Arkona.

Vorbei an den alten Fischerhäusern steigen wir auf dem Wanderweg rechts hoch zum Steilufer, dem wir auf dem ausgetretenen Pfad zu den Wällen der Jaromarsburg folgen und damit *Kap Arkona* erreichen. Der Blick reicht weit hinaus auf die Ostsee und über die Tromper Wiek nach Jasmund, nach Süden liegt die Feldlandschaft der Halbinsel Wittow vor uns.

Der neue und der alte Leuchtturm stehen etwa 300 Meter nördlich der Jaromarsburg. Vor den Leuchttürmen steigen wir nach links über die Treppen abwärts, wandern am Zaun entlang und über die Hohen Dielen, das sind Stauchendmoränen mit Kreidekernen (Naturschutzgebiet), die eine reiche Trockenrasenflora tragen. Links unten liegt ein Toteisloch (Soll) mit dem einzigen Torfvorkommen auf der Halbinsel Wittow.

Am Ende der Hohen Dielen führt nach rechts ein Pfad am Zaun entlang zum Steilufer und an diesem nach links nach *Gellort*, dem nördlichsten Punkt Mecklenburg-Vorpommerns. Einige Meter weiter führen Treppen zum Strand. Dort liegt der Siebenschneiderstein (Söbenschniedersteen, 61 m^3). Sieben

Schneider könnten auf ihm Platz finden und ihr Handwerk ausüben.

Nun gibt es die Möglichkeit, am Steilufer zum Zaun zurückzugehen, hier nach rechts und geradeaus, rechts am Toteisloch vorbei, über den Wiesenweg nach *Putgarten.* Oder wir durchqueren am Gellort das Küstengebüsch, wandern dann nach rechts durch eine kleine Senke auf die Kuppe und scharf nach links in Richtung Leuchtturm bis vor das Toteisloch. Von hier nach rechts, an diesem vorbei über den Wiesenweg nach *Putgarten.*

48 Glowe - Schaabe - Breege

Verkehrsmöglichkeit Busverbindung Altenkirchen - Breege - Glowe - Sagard.
Parkmöglichkeiten In Glowe Parkplatz an der Bushaltestelle gegenüber dem Gasthaus Zur Schaabe und am Ortsausgang in Richtung Altenkirchen.
Wegmarkierung Blauer Balken auf weißem Grund (Teilstück des Fernwanderweges Zittau - Kap Arkona).
Tourenlänge 10 km.
Wanderzeit $2^1/_4$ Stunden.
Höhenunterschiede Keine nennenswerten.

Zu Tour 47, 49 **Der Siebenschneiderstein bei Gellort**

Wanderkarten Touristenkarte Rügen-Hiddensee 1 : 100 000, Tourist Verlag. – Generalkarte 1 : 200 000, Blatt 27.

Wissenswertes Die *Schaabe* verbindet die Halbinseln Jasmund und Wittow. Bis zum Ende des letzten Jahrhunderts bestand zwischen der Tromper Wiek und dem Großen Jasmunder Bodden eine Verbindung, die verlandete. Auf der Schaabe finden wir ausgedehnte Badestrände, aber auch herrliche, naturnahe Dünenkiefernwaldbestände, wie sie sonst nur noch an wenigen Stellen an der Ostseeküste (z. B. beim Ostseebad Prerow) erhalten sind. – *Glowe* siehe Tour 42.

Anmerkung Die Wanderung ist besonders im Frühsommer und im Spätherbst, vor und nach der Badesaison, zu empfehlen.

Tourenbeschreibung Von der Ortsmitte in Glowe wandern wir an der Straße in Richtung Altenkirchen zum Ortsendeschild. Hier zweigt nach links ein Sträßchen (Waldsiedlung) ab, auf dem wir zur Einfahrt einer Feriensiedlung gelangen. Vor dieser geht es nach rechts auf dem Waldweg am Zaun entlang bis zu dessen Ende und weiter auf dem markierten Waldweg, der nahezu geradlinig zum Großen Jasmunder Bodden führt.

Herrlich ist der folgende Wegabschnitt zwischen dem Schilfgürtel und dem Dünenkiefernwald. An der Stelle, an der der Fahrweg nach rechts abzweigt, folgen wir der Deichkrone links von einer Hecke zum ehemaligen *Forsthaus Gelm.* Gegenüber der vorspringenden Landnase, Gelmer Ort, liegt etwa einen Kilometer entfernt der Lebbiner Haken. Nun steigen wir auf den 10 Meter hohen Kegelinberg (Vermessungspunkt). Der Blick reicht von hier aus über den Breeger Bodden auf Breege.

Zu Tour 48 **Breeger Bodden mit Breege**

Am wenig ausgeprägten Hochufer entlang führt ein Pfad durch das Gebüsch zu einem Waldweg. Auf diesem wandern wir weiter geradeaus, zuletzt an einer Feriensiedlung vorbei und in einer Rechtskurve zur Landstraße in *Breege.* Nach links geht es in den Ort, nach rechts sind es etwa 300 Meter zur Bushaltestelle an der Landstraße Altenkirchen - Glowe.

49 Breege - Kap Arkona - Gellort

Verkehrsmöglichkeiten Busverbindungen Bergen - Sagard - Glowe - Breege - Altenkirchen - Dranske, Altenkirchen - Putgarten (2mal täglich).
Parkmöglichkeit In Breege. (Parkplatz in Putgarten.)
Wegmarkierung Breege - Drewoldke blauer Balken auf weißem Grund (Teilstück des Fernwanderweges Zittau - Kap Arkona). Ab Drewoldke keine Wegmarkierung mehr.
Tourenlänge 10 km.
Wanderzeit $2^1/_4$ Stunden.
Höhenunterschiede Etwa 90 Meter Anstieg und 40 Meter Abstieg.
Wanderkarten Touristenkarte Rügen-Hiddensee 1 : 100 000, Tourist Verlag. - Generalkarte 1 : 200 000, Blatt 27. -

Wissenswertes *Kap Arkona* siehe Tour 47. – *Vitt* siehe Tour 47.

Tourenbeschreibung Das letzte Stück unserer Wanderung von Stralsund zum Kap Arkona und Gellort beginnen wir in *Breege.* Vorher lohnt sich ein Besuch des Hafens mit dem Blick auf den Breeger Bodden, den Lebbiner Haken, die Schaabe und auf die Saalsteine, Findlinge, die im Bodden liegen und früher als Schiffsanlegestellen dienten.

Vom östlichen Ortsausgang von Breege folgen wir dem Sträßchen in Richtung Juliusruh (Wanderwegweiser zum Kap Arkona). Nach den Häusern geht es nach links durch den Parkweg und hier nach 100 Metern nach rechts durch das Wäldchen zur Landstraße nach Altenkirchen am Ortsausgang von *Juliusruh.*

Wir wandern 300 Meter nach links in Richtung Altenkirchen, dann vor der Bushaltestelle nach rechts auf dem Asphaltsträßchen (dieser Teil wird als Drewoldke bezeichnet), das bald in einen Feldweg übergeht, an der Küste weiter.

Ungefähr in der Mitte des Weges nach Kap Arkona liegt links die kleine Ortschaft Nobbin. Gleich darauf gelangen wir zu dem aus der Jungsteinzeit stammenden Nobbiner Großsteingrab, Riesenberg genannt, dessen Umgrenzungssteine unübersehbar am Weg stehen.

Der Leuchtturm von Kap Arkona weist uns nun den Weg. Wir wandern auf dem Plattensträßchen zum Steilufer, vor uns liegt die Tromper Wiek, gegenüber das Steilufer von Jasmund. An einem Gehöft (Goor) geht es rechts vorbei. Nach etwa einem Kilometer führt ein Weg abwärts durch ein Tälchen nach *Vitt,*

von dessen Hafen sich uns ein eindrucksvoller Blick auf Kap Arkona bietet.

Wir steigen zur Kapelle auf und gehen von dort nach rechts zum Steilufer. An diesem entlang erreichen wir die Wälle der *Jaromarsburg* und *Kap Arkona.*

Etwa 15 Minuten sind es noch bis Gellort. Erst dort sollten wir unsere Wanderung beenden. Entlang der südlichen Zaunbegrenzung am Leuchtturm erreichen wir die Hohen Dielen, das sind Stauchendmoränenwälle mit Kreidekernen (Naturschutzgebiet), danach das Zaunende und rechts ansteigend die Steilküste. Etwas nach links liegt hoch über dem Meer *Gellort*, der nördlichste Punkt Mecklenburg-Vorpommerns. Vielleicht ist dies der Ort, an dem wir die Landschaften und Städte auf unserer Wanderung vom Priwall hierher noch einmal passieren lassen können.

Zu Tour 47, 49 **Die beiden Leuchttürme auf Kap Arkona**

Usedom

Durch den Peenestrom und das Oderhaff vom Festland getrennt, liegt die Insel Usedom in der Oderbucht (Pommersche Bucht). Von ihren 445 Quadratkilometern gehören 91 zur Republik Polen. Die Grenze verläuft östlich des Seebades Ahlbeck und Kamminke.

An der 42 Kilometer langen Ostseeküste mit ihren Sandstränden liegen die Seebäder und Ostseebäder der Insel, Ahlbeck, Heringsdorf, Bansin, Koserow und Zinnowitz. Mit Ausnahme von Heringsdorf liegen ihre alten Ortskerne an den Bodden, die für die ehemaligen Fischerdörfer wichtiger waren als die Ostsee. Hinter den Sandstränden steigt die Ostseeküste oftmals steil an. Die höchsten Erhebungen der Insel sind unter anderem hier zu finden: der Streckelsberg (56 m) bei Koserow, der Lange Berg (54 m) beim Seebad Bansin und der Zirowberg (59 m) beim Seebad Ahlbeck.

Den Gegensatz dazu bilden die Halbinseln, die Boddengewässer und die Seen im Rücken der Ostseeküste. Der Gnitz, der Lieper Winkel, das Loddiner Höft, Krumminer Wiek, Achterwasser, das Kleine Haff, Schmollensee, Gothensee und Golm sind naturnahe Gegenstücke zur geschäftigen Urlaubsküste. Diese Binnenküste mit ihren zahlreichen Ausbuchtungen ist 160 Kilometer lang und weist auch heute noch einen meist intakten Schilfgürtel auf.

Mächtige Kreidelager bilden das Fundament der Insel. Über diesen liegen starke Ton-, Mergel- und Sandlagen. Die Oberfläche wurde durch die weichselspätglazialen Gletschervorstöße der Velgaster und Nordrügen-Ostusedomer Staffel (10 500 bis 10 000 v. Chr.) geformt.

Die Insel Usedom besteht im wesentlichen aus einem reliefschwachen Nordwestteil und einem reliefstarken Südostteil. Den Nordwestteil prägen Grundmoränenplatten mit wenigen Endmoränen und höheren Erhebungen wie dem Weißen Berg (32 m) auf dem Gnitz oder dem Loddiner Höft (24 m). In den tiefsten Stellen der Zungenbecken der ehemaligen Gletscher breiten sich heute die ausgedehnten Wasserflächen des Achterwassers (85 km^2) und der Krumminer Wiek (15 km^2) aus. Beide sind Teile der Westusedomer Boddenkette.

Dagegen prägen dicht gelagerte Stauchendmoränenzüge den Südostteil der Insel, auch »Usedomer Schweiz« genannt. Eingebettet in diese Hügellandschaft liegen die heutigen Seen in den ehemaligen Gletscherzungenbecken, wie der Schmollensee, der Gothensee, der Kochliner See und der Wolgastsee. Bei Usedom geht das Land wieder in die flache Grundmoränenlandschaft über, die durch den Peenestrom, die ehemalige Hauptabflußrinne glazialer Schmelzwässer, vom Festland getrennt wird.

Die ersten Siedlungsspuren auf Usedom sind etwa 5000 Jahre alt und wurden bei Benz entdeckt. Bei Lütow ist ein Großsteingrab aus der Zeit um 2000 v. Chr. erhalten. Als die ursprünglich hier siedelnden germanischen Stämme nach Westen und Südwesten zogen, wanderten slawische Stämme ein. Davon zeugen die Burgwälle von Usedom, Mellenthin und Neppermin. 1128 kam der Bischof Otto von Bamberg nach Usedom, ihm folgten Bauern und Handwerker aus dem Westen. Fast vier Jahrhunderte gehörten große Teile der Insel den Prämonstratensermönchen in Pudagla. Unter den der Reformation folgenden Herzögen von Pommern gerieten die Bewohner der Insel immer tiefer in die Leibeigenschaft. Die »erweiterte und erklärte Bauernordnung für Pommern« von 1616, die im wesentlichen bis 1859 galt, beraubte den Bauernstand aller Rechte. Wie überall, litten auch auf Usedom die Bewohner schwer unter dem Dreißigjährigen Krieg und unter der Besetzung durch Napoleon I. Nach dem Dreißigjährigen Krieg gehörte Usedom zu Schweden.

1821 begann der Badebetrieb auf der Insel. Den Anfang machte Swinemünde (Swinoujście), dem 1823 das Dörfchen Neukrug, heute ein Ortsteil des Seebades Heringsdorf, nacheiferte.

50 Halbinsel Gnitz

Verkehrsmöglichkeiten Bahnverbindung Wolgaster Fähre – Zinnowitz – Seebad Ahlbeck; Busverbindung Wolgast – Zinnowitz – Lütow.
Parkmöglichkeiten An der Straße nach Lütow 200 Meter nach der Bollbrücke im Waldgebiet Eichholz; am Bahnhof im Ostseebad Zinnowitz (nur wenige Parkplätze).
Wegmarkierung Grüner Balken auf weißem Grund.
Tourenlänge 15 km ab Parkplatz am Eichholz, 21 km ab Ostseebad Zinnowitz.
Wanderzeit $3^1/_2$ Stunden ab Parkplatz am Eichholz, $4^3/_4$ Stunden ab Ostseebad Zinnowitz.
Höhenunterschiede Jeweils etwa 60 Meter An- und Abstieg.
Wanderkarten Touristenkarte Usedom-Haffküste 1 : 100 000, Tourist Verlag. – Generalkarte 1 : 200 000, Blatt 29. – Ostseeküste, mittlerer und östlicher Teil 1 : 130 000, Haack, Gotha.

Wissenswertes Zwischen Krumminer Wiek und Achterwasser liegt die *Halbinsel Gnitz*. Der Höhenrücken mit dem Weißen Berg (32 m) im Westteil der Halbinsel gehört zu einer vom Festland übergreifenden Endmoräne der Velgaster Staffel. – Östlich von Neuendorf gibt es in den Karbonatablagerungen des Zechsteins (Straßfurt-Karbonat, Oberes Perm) Erdöl- und Erdgasvorkommen. Derzeit findet eine Restnutzung der Lagerstätte statt. – An der Südwestspitze der Halbinsel Gnitz liegt das *Naturschutzgebiet Möwenort* mit einer reichen Trockenrasenflora. – An der alten Bollbrücke, die den Entwässerungskanal überquert, verband bis in das 13. Jahrhundert der *»Große Strummin«*, ein breiter Wasserarm, das Achterwasser mit der Krumminer Wiek.

Anmerkung Wer die Wanderung am Bahnhof des Ostseebades Zinnowitz beginnt, folgt der Alten Strandstraße zur B 111 und quert diese in Richtung Lütow. Es sind etwa zwei Kilometer auf der Landstraße zur Bollbrücke. Hier beginnt der mit grünem Balken auf weißem Grund markierte Wanderweg. 200 Meter danach treffen wir auf den Parkplatz. – Am Steilufer an der Krumminer Wiek bitte Vorsicht und Wege nicht verlassen, Absturzgefahr!

Tourenbeschreibung Wir beginnen unsere Wanderung am Parkplatz im *Eichholz* 200 Meter nach der Bollbrücke an der Straße nach Lütow, nehmen den nach links abzweigenden Plattenweg und folgen diesem an der ersten Weggabelung nach rechts. Am nächsten Wegdreieck (keine Wegmarkierung) bleiben wir auf dem Plattenweg, der nach links entlang eines Wassergrabens zum Waldrand führt, an dem er in einen Feldweg übergeht. Neben einem Wassergraben und an einer Weidenreihe vorbei kommen wir zum Wegdreieck vor der LPG von *Neuendorf*.

Wir folgen dem Plattensträßchen nach links in Richtung Görmitz (Wegweiser). Schon nach 250 Metern geht es am nächsten Wegdreieck (keine Wegmarkierung) nach rechts an den Erdölpumpstationen vorbei nach *Netzelkow*. Unser Weg führt hier an der spätmittelalterlichen Kirche mit dem freistehenden Glockenstuhl, dessen Glocken aus dem 15. Jahrhundert stammen, vorbei.

50 Meter nach der Kirche folgen wir am Wegdreieck dem rechten Weg und wandern dann nach 20 Metern nach links über altes Pflaster aus dem Ort. An einem trigonometrischen Vermessungspunkt geht es nach rechts. Am Wegdreieck 50 Meter nach drei Weiden gibt es die Möglichkeit, nach rechts zum Friedhofsberg und dort am Wäldchen vorbei zur Landstraße zu gehen, auf der wir nach links *Lütow* erreichen. Oder wir wandern am

Wegdreieck auf das einzeln stehende Haus zu, folgen dem Weg links am Haus vorbei über die Wiesen und weiter an der Grenze zwischen Feld und Feuchtgebiet zu einem Erlenbruch. Traktorspuren führen rechts an diesem entlang, danach Wegspuren in Richtung Lütow. Wir kommen am *Großsteingrab* vorbei und erreichen über den Pfad die Landstraße am Ortseingang von *Lütow*.

Es lohnt sich, etwa 150 Meter nach links zum Bodden vorzugehen. Im Süden steht als ehemaliges Seezeichen der Kirchturm des Fischerstädtchens Lassan über dem Peenestrom.

Zu Tour 48 **Ruhige Wanderwege auf der Schaabe**

Wir gehen zurück zum Ortsausgang und erreichen nach links das Naturschutzgebiet Möwenort. Der Weg führt zunächst am Ufer des Peenestroms entlang, dann auf einem schmalen Pfad am Steilufer (Weißer Berg, 32 m) über der Krumminer Wiek zum Campingplatz. Wer hier außerhalb der Saison wandert, genießt die Ruhe dieser Landschaft.

Wir bleiben im unteren Teil des Campingplatzes auf den Wegspuren über dem Steilufer, queren seitliche Rinnen, blicken auf den Findling, der unter uns am Ufer liegt, und folgen dem Weg am Steilufer entlang, bis dieser zum flacheren Ufer hinunterführt.

Es folgt nun ein Wegstück entlang eines Feldes zum nächsten Steilufer. Beim Anstieg ist hier besondere Vorsicht geboten, da der Weg schmal und ungesichert ist. Von oben überblicken wir die gesamte Krumminer Wiek und den eindrucksvollen Schilfgürtel.

Nach einem steilen Abstieg erreichen wir eine kleine Bucht. Ein Fahrweg führt von hier scharf nach rechts 200 Meter landeinwärts zu einem breiten Querweg. Auf diesem geht es 50 Meter nach links, dann wiederum nach links in den Wald, und auf diesem Waldweg ohne abzuzweigen, bis er in etwa 1,5 Meter Höhe versetzt auf einen stark befahrenen Waldweg trifft. Wir folgen unserem Weg nach rechts zum Waldende. Sowohl an der Weggabelung als auch am Wegdreieck wandern wir nach links, vorbei am Kiefernwald und der LPG zum ersten Haus von *Neuendorf.*

Der erste Weg nach links führt zurück zur Boddenküste. Nach dem letzten Haus verläuft das Plattensträßchen vom Steilhang weg. Wir verlassen das Sträßchen nach rechts (Wegweiser nach Zinnowitz) und folgen dem Waldweg am Steilhang entlang zu einem Querweg. Auf diesem geht es nach links, durch Wiesen und entlang einer Eichenreihe, bis der Weg nach rechts in den Wald zurückführt. Wir bleiben auf diesem Weg, halten uns am 150 Meter von der Landstraße entfernten Wegkreuz rechts und erreichen den *Parkplatz am Eichholz.*

51 Kölpinsee - Loddiner Höft - Kölpinsee

Verkehrsmöglichkeiten Bahnverbindungen Wolgaster Fähre - Seebad Ahlbeck, Peenemünde - Zinnowitz; Busverbindung Wolgast - Seebad Ahlbeck.
Parkmöglichkeiten In Kölpinsee Parkplätze am Kölpinsee und an der Kreuzung an der B 111.
Wegmarkierung Loddin - Bahnhof Kölpinsee gelber Balken auf weißem Grund.
Tourenlänge 8,5 km.
Wanderzeit 2 Stunden.
Höhenunterschiede Keine nennenswerten.
Wanderkarten Touristenkarte Usedom-Haffküste 1 : 100 000, Tourist Verlag. - Generalkarte 1 : 200 000, Blatt 29. - Ostseeküste, mittlerer und östlicher Teil 1 : 130 000, Haack, Gotha.
Wissenswertes Der *Kölpinsee* liegt in einer Niederung südöstlich der 43 Meter hohen Pagelunsberge. - *Loddin*, 1270 als »Loddino« erwähnt, liegt auf der Halbinsel Loddiner Höft, die als Stauchendmoränenkern mit einem fossilen Kliff des Litorinameeres in das Achterwasser hineinragt. Unvergleichlich ist der Blick vom Höft auf die Verzahnung von Land und Wasser. Zwischen der ostseitigen Bucht am Loddiner Höft, der anschließenden feuchten Niederung und dem Kölpinsee bestand früher eine Verbindung zwischen Achterwasser und Ostsee. Das *Achterwasser* ist mit 85 Quadratkilometern die größte Ausbuchtung des Peenestroms. Es entstand aus einem Gletscherzungenbecken durch Überflutung.
Anmerkung Karte siehe Wanderung 56.
Tourenbeschreibung Vom Parkplatz am *Kölpinsee* bzw. vom Bahnhof Kölpinsee gehen wir zunächst zur Kreuzung an der B 111, dann auf dem Gehweg an der B 111 entlang (etwa 1 km) in

Richtung Koserow. Direkt vor dem Bahnübergang queren wir die Bundesstraße und wandern auf dem Weg über die Felder zwischen dem Achterwasser und der Hangkante der Loddiner Halbinsel (Galgenberg 24 m, Feriensiedlung) nach *Loddin.*

Am Wegdreieck an der Gaststätte Am Achterwasser folgen wir dem nach rechts aus dem Ort führenden Sträßchen in Richtung Kikis Bootsverleih. Zwischen dem Bootsverleih und der Gaststätte Waterblick führt ein Feldweg über den Rücken des Höfts zu einer Weggabelung, an dieser nach rechts zum Steilufer. Hier haben wir einen landschaftlichen Höhepunkt auf der Insel Usedom erreicht. Das Achterwasser ist umrahmt vom Gnitz, dem Lieper Winkel und der Pudagla-Niederung.

Zurück zur Weggabelung auf der Höhe. An dieser wandern wir zuerst nach rechts, dann nach links und am Hang auf einem Weg durch eine Brachfläche abwärts. Der Weg beschreibt einen weiten Linksbogen um die Anhöhe und führt zu einer Weggabelung. Wir nehmen den nach links ansteigenden Weg zurück zur Gaststätte Waterblick.

In Loddin wandern wir an der Gaststätte Am Achterwasser nach rechts und erreichen auf dem Gehweg am Dorfsträßchen entlang die Straßenkreuzung am *Bahnhof Kölpinsee* und den Parkplatz am *Kölpinsee.*

Zu Tour 47, 49 **Die achteckige Kapelle oberhalb von Vitt**

52 Rundwanderung im Lieper Winkel

Verkehrsmöglichkeit Busverbindung Usedom - Warthe.
Parkmöglichkeit In Liepe.
Wegmarkierung Keine.
Tourenlänge 12 km. **Wanderzeit** $2^3/_4$ Stunden.
Höhenunterschiede Keine.
Wanderkarten Touristenkarte Usedom-Haffküste 1 : 100 000, Tourist Verlag. - Generalkarte 1 : 200 000, Blatt 29. - Ostseeküste, mittlerer und östlicher Teil 1 : 130 000, Haack, Gotha.
Wissenswertes Der *Lieper Winkel* lag immer abseits der Durchgangsstraßen und hat bis heute viel von seiner Eigenheit bewahrt. Bis zum Mittelalter war die Halbinsel bewaldet, heute sind große Teile Ackerland. - *Quilitz* ist durch den Quilitzer Silberfund aus der Zeit um 1025 (Arm- und Halsringe, Silberlinge aus England, Frankreich, Belgien, Süddeutschland und Arabien) bekannt geworden. - *Liepe* war einst eine slawische Siedlung. Der Name leitet sich von Lipa = Lindenort ab.
Tourenbeschreibung In *Liepe* wandern wir vor der Gaststätte nach rechts aus dem Ort. Nach etwa 150 Metern zweigt nach

links ein Feldweg nach Reestow ab (Wegweiser). Diesem folgen wir zum Plattensträßchen (Reestow liegt rechts), queren dieses, kommen dann auf einem Feldweg durch ein Gehöft und weiter über die Felder zu einem einzeln stehenden Haus am Schilfgürtel des Achterwassers, hinter dem es nach links zum Deich geht. Vor uns liegt eine einzigartige Boddenlandschaft. Achterwasser, Loddiner Höft, Görmitz, der Gnitz: Wasser und Land sind hier eins. – An einem Transformatorenhäuschen überqueren wir auf einem Steg einen Wassergraben und wandern auf dem Deich weiter zu einem Rastplatz. Ab hier führt ein Feldweg entlang des Deiches zu einzeln stehenden Häusern. Durch den rechts liegenden Naturhafen reicht der Blick hinüber nach Möwenort auf dem Gnitz.

Wir wandern an den Häusern landeinwärts zum nahen *Warthe.* An der Weggabelung halten wir uns nach rechts und setzen unsere Wanderung am folgenden Wegdreieck nach rechts (alter Wegweiser nach Quilitz an einer Scheune) zu den etwa 500 Meter entfernten Fischer- und Bauernhäusern fort.

An der Weggabelung vor den Häusern gehen wir geradeaus und am Ortsende ebenfalls geradeaus weiter am Deich entlang. Rechts von uns liegt der Schilfgürtel des Peenestroms, auf dessen anderer Seite der Kirchturm von Lassan aufragt. Der Weg überquert den Deich und führt nun landseitig nach *Quilitz.*

Wir wandern auf dem Plattensträßchen durch den Ort, bis dieses am Ende der Feriensiedlung nach rechts nach Rankwitz

Zu Tour 47, 49 **Kap Arkona**

abbiegt. Liepe erreichen wir auf dem hier in gerader Fortsetzung wegführenden Feldweg, der in einer weiten Linkskurve unterhalb des 18 Meter hohen Jungfernberges zur Landstraße Rankwitz - Liepe führt. Die »Besteigung« dieses Hügels im Herbst und Winter lohnt sich. Vor uns liegen dann der Lieper Winkel, der Peenestrom und der südliche Teil des Achterwassers. Nach links erreichen wir auf der Landstraße nach etwa einem Kilometer die Gaststätte in *Liepe*.

Zu Tour 52 **Boddenlandschaft auf Usedom. Blick vom Lieper Winkel zum Gnitz**

53 Seebad Bansin - Langer Berg - Seebad Bansin

Verkehrsverbindungen Bahnverbindung Seebad Ahlbeck - Wolgaster Fähre; Busverbindung Seebad Ahlbeck - Wolgast.
Parkmöglichkeit Im Seebad Bansin Parkplatz am Nordwestrand des Ortes, ausgeschildert auf der Straße zum Strand.
Wegmarkierung Wird im Text angegeben.
Tourenlänge 7 km.
Wanderzeit $1^3/_4$ Stunden.
Höhenunterschiede Jeweils etwa 80 Meter An- und Abstieg.
Wanderkarten Touristenkarte Usedom-Haffküste 1 : 100 000, Tourist Verlag. - Generalkarte 1 : 200 000, Blatt 29. - Ostseeküste, mittlerer und östlicher Teil 1 : 130 000, Haack, Gotha.

Wissenswertes Das *Seebad Bansin*, südöstlich des waldreichen Langen Berges (54 m) gelegen, ist der jüngste Badeort auf Usedom (ab 1897). Von hier führt eine etwa sieben Kilometer lange Strandpromenade über das Seebad Heringsdorf zum Seebad Ahlbeck. – An der Steilküste des *Langen Berges* (54 m), einer Stauchendmoräne, wurden seit 1878 mehr als 40 Meter von der Ostsee abgetragen. Den landseitigen Hang des Berges bedeckt ein ausgedehntes Waldgebiet.

Anmerkung Der Weg an der Steilküste des Langen Berges ist ungesichert.

Tourenbeschreibung Vom seeseitigen Ende des Parkplatzes im *Seebad Bansin* wandern wir links steil bergan, auf der Kuppe nach rechts und an der Buche mit der Wegmarkierung rotes L nach links. Wir folgen dem roten L und stoßen nach etwa 250 Metern auf den Fernwanderweg (blauer Balken auf weißem Grund), auf dem wir die Wanderung nun nach dieser Wegmarkierung geradeaus fortsetzen. In einer Senke geht es nach rechts kurz bergan, dann bergab, über das Sträßchen und am gegenüberliegenden Hang wiederum bergan zum Sträßchen, auf dem wir nach rechts zur Gaststätte *Forsthaus Langenberg* gelangen.

Der Wanderweg führt am Steilufer entlang bis zur höchsten Stelle an der Schutzhütte. Die Fernsicht ist hier ausgezeichnet und reicht bei gutem Wetter zur Küste von Wollin, zur Greifswalder Oie und zum Süd- und Nordperd von Mönchgut auf Rügen.

Bei der Schutzhütte beginnt sich das Steilufer zu senken. Wir wandern auf dem Weg am Steilufer bergab bis eine Wegspur wieder ansteigt. An dieser Stelle führt unser Wanderweg nach links bergab zu einem breiten Waldweg. Der Fernwanderweg mit der Markierung blauer Balken auf weißem Grund, dem wir bisher gefolgt sind, zweigt nun nach rechts in Richtung Ueckeritz ab. Wir dagegen folgen dem schönen Waldweg nach links und erreichen nach etwa einem Kilometer ein großes Wegdreieck, an dem es nach links zur Gaststätte Forsthaus Langenberg geht (Wegweiser). Auf diesem Weg gelangen wir zum Sträßchen, das vom Seebad Bansin kommend links aufwärts zur Gaststätte Forsthaus Langenberg führt. Wir gehen geradeaus weiter und stoßen kurz darauf auf den uns bekannten Weg, der uns nach rechts zurück zum Parkplatz im *Seebad Bansin* leitet.

54 Seebad Heringsdorf - Gothen - Wolgastsee - Seebad Ahlbeck - Seebad Heringsdorf

Verkehrsmöglichkeiten Bahnverbindung Wolgaster Fähre - Seebad Heringsdorf; Busverbindung Wolgast - Seebad Ahlbeck - Usedom.
Parkmöglichkeit Parkplatz im Seebad Heringsdorf etwa 200 Meter vom Bahnhof in Richtung Seebad Bansin.
Wegmarkierung Wird im Text angegeben.
Tourenlänge 12 km.
Wanderzeit 2 3/4 Stunden.
Höhenunterschiede Jeweils etwa 50 Meter An- und Abstieg.
Wanderkarten Touristenkarte Usedom-Haffküste 1 : 100 000, Tourist Verlag. - Generalkarte 1 : 200 000, Blatt 29. - Ostseeküste, mittlerer und östlicher Teil 1 : 130 000, Haack, Gotha.
Wissenswertes 1818 wurde das *Seebad Heringsdorf* als namenlose Fischerkolonie angelegt, die ihren Namen nach dem Haupterwerb ihrer Bewohner erhielt, dem Heringsfang und der Fischverwertung. 1823 eröffnete der Ort den Badebetrieb und entwikkelte sich in der zweiten Hälfte des 19. Jahrhunderts zu einem bekannten Seebad. - Der ehemals aus dem Thurbruch entwässernde Ahlbeck (Aalbach) gab dem *Seebad Ahlbeck*, das heute städtischen Charakter hat, seinen Namen. In der zweiten Hälfte des 18. Jahrhunderts entstand auf der rechten Bachseite Ahlbeck-Königlich (Kolonisten unter Friedrich II.), 1818 auf der linken Bachseite die Fischerkolonie Ahlbeck-Adlig. 1883 schlossen sich die beiden Teile zusammen. Ein Anziehungspunkt ist die 1898 fertiggestellte Seebrücke. - Der sieben Kilometer lange und etwa einen Kilometer breite Gothensee ist Rückzugsgebiet für viele Tier- und Pflanzenarten.

Tourenbeschreibung Vom Bahnhof im *Seebad Heringsdorf* wandern wir zunächst in westlicher Richtung auf dem Plattensträßchen bergan (Wegweiser Motocross-Strecke). Dieses geht sehr bald in einen Sandweg über. Am Ende des Werksgeländes, an der Dreiteilung des Weges, nehmen wir den mittleren Weg. Wir folgen diesem ohne abzuzweigen über die Kuppe zum Asphaltsträßchen, überqueren dieses geradeaus (nicht der gelben Wegmarkierung folgen) und wandern dann vor dem Friedhof (ab hier bis zum Ortsende von Gothen Wegmarkierung gelbes Quadrat auf weißem Grund) nach links und nach der Bahnunterführung nach rechts zu einem Wegstern vor dem Gothensee.

Nach links geht es leicht ansteigend nach *Gothen*, am Transformatorenhäuschen nach links und auf dem Asphaltsträßchen durch den Ort zum Ortsendeschild. Dort zweigt nach rechts ein Feldweg zum Waldrand ab, dem wir ohne abzuzweigen folgen. Im weiteren Verlauf queren wir am Ufer des Gothensees einen Erlenbruch und treffen auf die ersten Häuser von *Korswandt.*

Auf dem Asphaltsträßchen wandern wir weiter (am Wegkreuz zweigt nach links der erste Weg zum Seebad Ahlbeck ab) und kommen leicht nach links haltend zur Landstraße Korswandt – Seebad Ahlbeck.

Hier besteht die Möglichkeit, wenige Meter auf der Landstraße nach rechts zur Gaststätte Idylle am Wolgastsee zu gehen und von dort durch den alten Buchenbestand das Ufer des Wolgastsees zu erreichen.

Wir überqueren die Landstraße und folgen nun der Wegmarkierung gelber Balken auf weißem Grund zum Seebad Ahlbeck. Zunächst führt unsere Wanderung etwa 500 Meter links am Wolgastsee entlang, dann zweigt der Wanderweg vom breiten Fahrweg nach links bergan ab. An einem Wegkreuz in einer kleinen Senke wandern wir geradeaus und nach etwa 150 Metern nach rechts bergan, 20 Meter nach dem Markierungszeichen nach links und am gleich folgenden Wegdreieck nach rechts, bis der breite Waldweg auf einen Querweg trifft. Hier geht es nach links und im weiteren Verlauf rechts abwärts durch das Tälchen, am Trinkwasserschutzgebiet vorbei, zur Straße Korswandt - Seebad Ahlbeck. Nach rechts überqueren wir den Bahnübergang und folgen dann der Bundesstraße nach links zum 300 Meter entfernten Bahnhof des *Seebades Ahlbeck.*

Vielleicht fährt gerade ein Zug oder ein Bus zum Seebad Heringsdorf. Im anderen Fall können wir entweder über die Strandpromenade schlendern oder einfach auf dem Gehweg entlang der Bundesstraße zum Bahnhof im *Seebad Heringsdorf* zurückgehen.

55 Korswandt - Golm - Korswandt

Verkehrsverbindungen Bahnverbindung Wolgaster Fähre - Seebad Ahlbeck, Busverbindung Seebad Ahlbeck - Usedom.
Parkmöglichkeit Bei der Gaststätte Idylle am Wolgastsee in Korswandt.
Wegmarkierung Keine.
Tourenlänge 11 km.
Wanderzeit $2^1/_2$ Stunden.
Höhenunterschiede Jeweils etwa 100 Meter An- und Abstieg.
Wanderkarten Touristenkarte Usedom-Haffküste 1 : 100 000, Tourist Verlag. - Generalkarte 1 : 200 000, Blatt 29. - Ostseeküste, mittlerer und östlicher Teil 1 : 130 000, Haack, Gotha.
Wissenswertes In *Korswandt* steht nahe der Gaststätte Idylle am Wolgastsee die älteste Buche auf der Insel Usedom. - Der 59 Meter hohe *Golm*, eine Stauchendmoräne mit Kreideeinlagerung, war bereits in der Bronze- und Früheisenzeit besiedelt, wie Burgwallreste belegen. Sein Name leitet sich vom slawischen Gollen = Hügel ab. Am Osthang des Berges liegen eine Gedenkstätte und ein Friedhof, in dem die Opfer des Luftangriffs auf Swinemünde begraben sind.
Tourenbeschreibung Die Wanderung führt zunächst durch die reliefstarke Stauchendmoränenlandschaft der Nordrügen-Ostusedomer Vorstoßstaffel, die hier Bergrücken und Seen und in der weiteren Entwicklung Kesselmoore und verlandete ehemalige Toteislöcher hinterlassen hat.

Wir wandern rechts am *Wolgastsee* und am sich anschließenden verlandeten Teil entlang. An dessen Ende steht rechts ein

alter Wegstein. Hier folgen wir dem Waldweg nach rechts, rechts vorbei an einem idyllisch gelegenen kleinen See und 100 Meter bergan zu einem Wegdreieck.

Wir nehmen den nach links führenden Weg oberhalb eines Kesselmoores und wandern an der folgenden Weggabelung auf dem rechten Weg bergab durch eine Rechtskurve und anschließend in einem weiten Linksbogen zum breiten Fahrweg, den wir geradeaus queren. Nach 100 Metern folgen wir an der Weggabelung dem Weg nach links und wandern auf diesem an einem Wassergraben entlang zum Pflastersträßchen, das nach links zum Grenzübergang zur Republik Polen führt.

Das Pflastersträßchen überqueren wir schräg nach rechts und gehen nach etwa 150 Metern über die alte Bahntrasse zum Fuß des Golm. Der Weg führt nach links. Nach 50 Metern steigen wir steil durch den Hangbuchenwald auf die Hangkante des Golm, folgen dem Weg weiter durch einen Fichten-Lärchenbestand, wo wir auf einen Hauptweg treffen. Nach links sind es etwa 200 Meter zur höchsten Stelle an der Hangkante. Vor allem im Herbst und Winter ist der Blick frei durch die Bäume über Swinemünde und den Hafen. Unter uns ist der Torfkanal zu erkennen, der die Grenze zur Republik Polen bildet.

Zurück zum Weg. Es geht geradeaus und nach 150 Metern, an der Stelle, an der sich links die Gedenkstätte befindet, wandern wir am Wegkreuz nach rechts bergan, über die Kuppe, dann auf dem Fahrweg bergab in ein Tälchen. Der Fahrweg steigt nun links entlang einer Buchenaufforstung an und mündet in einen stärker befahrenen Waldweg. Wir wandern auf diesem nach rechts an der Aufforstung etwa 100 Meter bergab, dann vor der Kiefernaufforstung nach links (der Hauptweg führt rechts bergab zum Sträßchen Grenze - Zirkow) und weiter durch den Wald zu einem Wegkreuz, von dem wir nach rechts die von Garz kommende Straße und die Unterführung durch die ehemalige Bahnstrecke erreichen.

Durch die Bahnunterführung geht es hindurch. Nach weiteren 100 Metern auf der Landstraße führt in der Linkskurve unserer Wanderrichtung ein Waldweg geradeaus und am Feuchtgebiet des verlandeten Zerninsees entlang. Im weiteren Verlauf der Wanderung trifft der oberhalb verlaufende Weg auf unseren Weg.

Am großen Wegdreieck wandern wir nach links, an der kurz darauf folgenden Weggabelung auf dem Hauptweg nach rechts bergan. Dieser Weg mündet in einen weiteren stark befahrenen Waldweg, auf dem wir nach links weitergehen und in wenigen Minuten die Landstraße in *Korswandt* erreichen. Hier geht es wenige Meter nach rechts zum Parkplatz an der Gaststätte Idylle am Wolgastsee.

56 Wolgast - Ostseebad Zinnowitz - Koserow - Kölpinsee

Verkehrsmöglichkeiten Bahnverbindungen Züssow - Wolgast - Wolgast-Hafen (in Züssow Anschluß an die Linie Berlin - Stralsund), Wolgaster Fähre - Seebad Ahlbeck, Peenemünde - Zinnowitz; Busverbindung Wolgast - Seebad Ahlbeck - Usedom.

Parkmöglichkeiten In Wolgast Parkplatz am Bahnhof. (In Kölpinsee Parkplatz am See.)

Wegmarkierung Blauer Balken auf weißem Grund (Teilstück des Fernwanderweges Zittau - Seebad Ahlbeck).

Tourenlänge 23 km. **Wanderzeit** 5½ Stunden.

Höhenunterschiede Jeweils etwa 90 Meter An- und Abstieg.

Bademöglichkeiten Strände bei Trassenheide und dem Ostseebad Zinnowitz.

Wanderkarten Touristenkarte Usedom-Haffküste 1 : 100 000, Tourist Verlag. – Generalkarte 1 : 200 000, Blatt 29. – Ostseeküste, mittlerer und östlicher Teil 1 : 130 000, Haack, Gotha.

Wissenswertes Die im 12. Jahrhundert gegründete Stadt *Wolgast* war von 1532 bis 1625 die Residenz der Herzöge von Pommern-Wolgast, von 1630 bis 1815 stand sie unter schwedischer Herrschaft. 1713 wurde sie bei einem Brand fast vollständig zerstört, dennoch blieb der Grundriß des Stadtkerns aus dem 14./15. Jahrhundert weitgehend erhalten. Sehenswert sind unter anderem der spätgotische Backsteinbau der zwölfeckigen Gertrudenkapelle und die aus dem 14. Jahrhundert stammende Pfarrkirche Sankt Petri mit Wandgemälden und Schnitzwerken aus dem 15. bis 17. Jahrhundert, deren Kirchturm 56 Meter hoch ist. Auf dem Rathausplatz steht der 1936 aufgestellte Brunnen, dessen Brunnenschale auf zehn Bildtafeln Ereignisse aus acht Jahrhunderten Stadtgeschichte zeigt. – Zum ersten Mal wird das *Ostseebad Zinnowitz* unter seinem slawischen Namen Tzys in einer Schenkungsurkunde an das Zisterzienserkloster in Krummin aus dem Jahre 1309 erwähnt. 1751 entstand Zinnowitz als neugegründete Domäne von Siedlern aus Mecklenburg und Schweden. Ab 1851 entwickelte sich neben dem ursprünglichen Fischerdorf am Achterwasser ein neuer Ortsteil an der Außenküste. Damit wurde Zinnowitz zum Badeort, der sich seit 1976 Ostseebad nennen darf. – *Koserow* liegt an einer der schmalsten Stellen der Insel. Die Kirche stammt aus dem 13. Jahrhundert. An ihr wirkte von 1821 bis 1827 der Verfasser des Romans »Die Bernsteinhexe«, der Pfarrer J. W. Meinhold. Der 56 Meter hohe Streckelsberg (Witter Barg = Weißer Berg, Naturschutzgebiet) ist ein Stauchendmoränenkomplex mit einer aufgesetzten Kliffranddüne. Etwa vier Kilometer in der Ostsee liegt das aus Granitblöcken aufgetürmte Vineta-Riff, der Rest eines Stauchendmoränenzuges. – Die *Braundünen* zwischen Trassenheide und dem Ostseebad Zinnowitz sind etwa 5000 Jahre alt. Sie wurden im letzten Jahrhundert aufgeforstet. – Der *Rieck* östlich von Zempin ist eine ehemalige »Sturmflutrinne«, Ostsee und Achterwasser sind hier nur etwa 250 Meter durch Deich, Straße und Bahn getrennt. Ein Gedenkstein rechts der Straße erinnert daran, daß bei der Jahrhundertflut im November 1872 die kleine Ortschaft Damerow ein Opfer der Ostseefluten wurde. – *Kölpinsee* siehe Tour 51. – *Loddiner Höft* siehe Tour 51.

WOLGAST
Karlshagen
Zinnowitz
Koserow
Hollendorf
Karrin
Trassenheide
Mölschow
Groß Ernsthof
WEIDEHOF
TANNENKAMP
MAHLZOW
Zecherin
Ziese
Bannemin
Zempin
Forsthaus
Dammerow
Strecke s. B.
Kölpinsee
Stubbenfelde
Loddin
Ückeritz
Wolgaster
Fähre
Wolgaster Ort
Gaz.berg
Krummin
Neeberg
Schalense
Sauzin
Ziemitz
Hohendorf
Zarnitz
Negenmark
Budden
hagen
Hohensee
Seckeritz
Wehrland
Peenestrom
Krumminer Wiek
Gnitz
Lütow
Möwenort
Neuendorf
Görmitz
Haubenhorn
Achterwasser
Warthe
Lieper

Anmerkung Jedes Teilstück dieser Streckenwanderung ist für sich lohnend. Rückfahrt jeweils mit der Bahn oder mit dem Bus. Die aufgeführten Entfernungen und Zeitangaben schließen den Weg zu den Bahnhöfen mit ein.
Wolgaster Fähre - Ostseebad Zinnowitz 11,5 km, 2 1/2 Stunden.
Ostseebad Zinnowitz - Kölpinsee 11 km, 2 1/2 Stunden.
Trassenheide - Kölpinsee 14 km, 3 1/4 Stunden.
Koserow - Kölpinsee 4 km, 1 Stunde.
Kölpinsee - Loddiner Höft - Kölpinsee 6,5 km, 1 1/2 Stunden, vergleiche Wanderung 51.

Tourenbeschreibung Vom Bahnhof *Wolgast* gehen wir durch die Bahnhofstraße und weiter in Richtung Seebad Ahlbeck zur Brücke über den Peenestrom. Etwa 300 Meter nach der Brücke zweigt nach links ein Plattensträßchen (Am Peeneufer) ab, das über den Bahnübergang zum Schilfgürtel am Peenestrom führt. Auf diesem Plattensträßchen geht es am Schilfgürtel entlang, dann nach rechts auf die Uferböschung am Ortsende von *Mahlzow.* Nach links gelangen wir auf dem Plattensträßchen, das in einen Feldweg übergeht, nach *Zecherin.* Im Ort biegen wir zweimal nach rechts ab und erreichen *Mölschow* auf der Asphaltstraße, folgen dort der Vorfahrtsstraße nach links und kommen auf dieser zur Vorfahrtsstraße in *Trassenheide.*

Auf der Vorfahrtsstraße gehen wir 50 Meter nach rechts, dann nach links durch die Strandstraße, kommen an der Jugendherberge vorbei und wandern weiter auf der Strandstraße über den Bahnübergang.

Um nicht weiter auf Asphalt wandern zu müssen, folgen wir nicht der Wegmarkierung blauer Balken auf weißem Grund, sondern zweigen sofort nach dem Bahnübergang nach rechts ab, gehen nach 50 Metern nach links in den Wald und folgen der Wegmarkierung grüner Balken auf weißem Grund durch den Dünenkiefernwald zum Asphaltsträßchen vor dem Campingplatz Zinnowitz. Am Wegkreuz wandern wir nach links in Richtung Strand und folgen nun wieder dem mit blauem Balken auf weißem Grund ausgeschilderten Weg nach rechts durch den Dünenkiefernwald zum *Ostseebad Zinnowitz*, vorbei an der Meerwasserschwimmhalle und über die Strandpromenade an deren östliches Ende.

Der Strandweg führt zum *Zeltplatz Zempin*, durch diesen geradeaus hindurch, über ein Asphaltsträßchen und weiter in Strandnähe durch ein Dünenwäldchen zu einer Feriensiedlung. Hier geht es auf dem Sandweg nach rechts und durch die Seestraße zur B 111.

Auf dem Gehweg neben der B 111 gelangen wir zur Abzweigung nach Koserow. Wir wandern etwa 150 Meter auf der Landstraße in Richtung Koserow, dann nach links über den Deich und im Küstenwäldchen weiter bis zum Ortsanfang von *Koserow.*

Hier steigt der Weg zum Streckelsberg an. Wir erreichen nicht den höchsten Punkt des 56 Meter hohen Steilufers, da der Weg rechts am Berghang entlang und weiter durch die Pagelunsberge zum *Kölpinsee* führt.

Ein Abstecher zum drei Kilometer entfernten Loddiner Höft - einem der landschaftlichen Höhepunkte auf der Insel Usedom - empfiehlt sich von hier aus.

57 Kölpinsee - Langer Berg - Seebad Bansin - Seebad Heringsdorf - Seebad Ahlbeck

Verkehrsmöglichkeiten Bahnverbindung Wolgaster Fähre - Seebad Ahlbeck; Busverbindung Wolgast - Seebad Ahlbeck - Usedom.
Parkmöglichkeiten Parkplatz am Kölpinsee, Parkplätze im Seebad Ahlbeck.
Wegmarkierung Blauer Balken auf weißem Grund (Teilstück des Fernwanderweges Zittau - Seebad Ahlbeck).
Tourenlänge 18 km.
Wanderzeit 4¼ Stunden.
Höhenunterschiede Etwa 90 Meter An- und Abstieg.
Bademöglichkeiten Strände am Campingplatz Ueckeritz, in den Seebädern Bansin, Heringsdorf und Ahlbeck.
Wanderkarten Touristenkarte Usedom-Haffküste 1 : 100 000, Tourist Verlag. - Generalkarte 1 : 200 000, Blatt 29. - Ostseeküste, mittlerer und östlicher Teil 1 : 130 000, Haack, Gotha.
Wissenswertes *Kölpinsee* siehe Tour 51. *Ueckeritz* war im Mittelalter vermutlich Grenzort zwischen den beiden Inselprovinzen »Land Buckow« und »Land Wanzlow«. Seit 1893 ist Ueckeritz Badeort. Hier zieht sich ein mehrere Kilometer langer steinfreier Sandstrand an der Ostsee entlang. Der Wockninsee, ein verlandender Strandsee, ist Naturschutzgebiet. - *Langer Berg* siehe Tour 53. - *Seebad Bansin* siehe Tour 53. - *Seebad Heringsdorf* siehe Tour 54. - *Seebad Ahlbeck* siehe Tour 54.
Tourenbeschreibung Der Wanderweg führt zunächst links am Rand des *Kölpinsees* entlang. An dessen Ende überqueren wir das Sträßchen geradeaus, wandern durch zwei Campingplätze

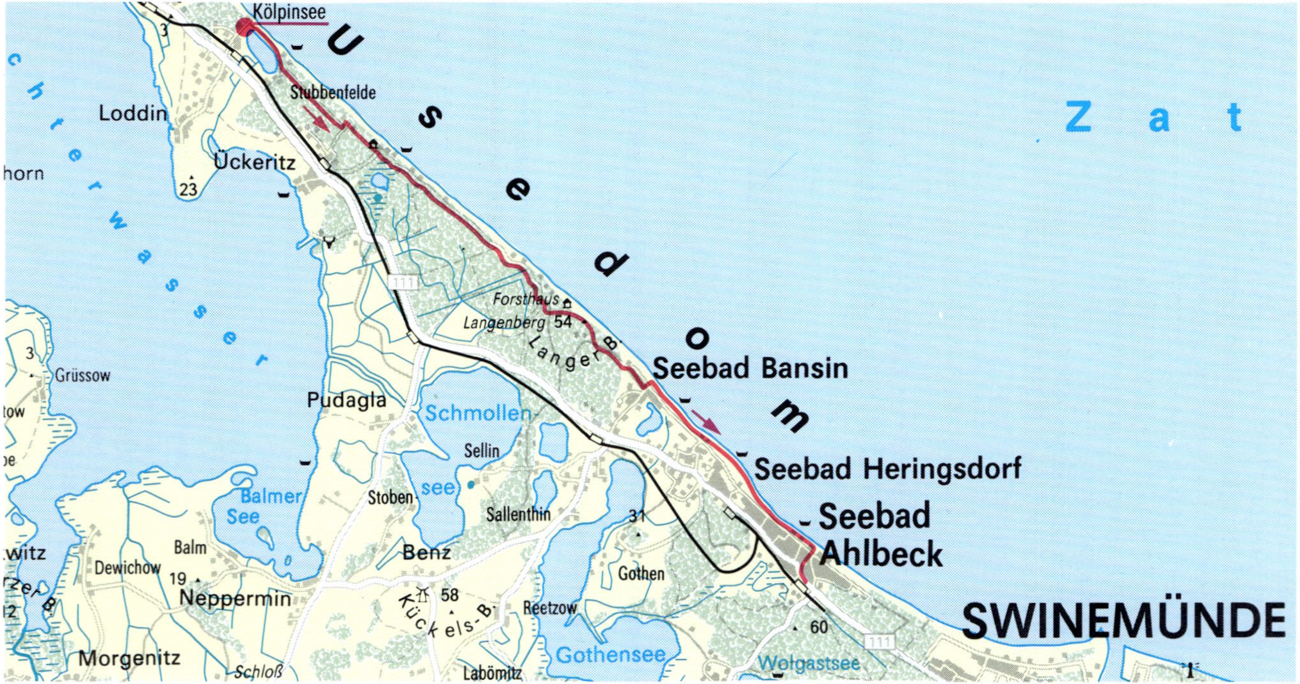
Kölpinsee
Stubbenfelde
Loddin
Ückeritz
23
Usedom
Zat
Forsthaus
Langenberg 54
Langer B.
Seebad Bansin
Seebad Heringsdorf
Seebad Ahlbeck
SWINEMÜNDE
Grüssow
Pudagla
Schmollen-see
Sellin
Balmer See
Stoben
Sallenthin
31
Gothen
Benz
58
Kückels-B.
Reetzow
Balm
Dewichow
19
Neppermin
Morgenitz
Schloß
Labömitz
Gothensee
Wolgastsee
60
111

und weiter auf dem gut markierten Weg durch das hügelige Gelände, vorbei am Sanatoriumskomplex zum langgezogenen *Campingplatz Ueckeritz.* Am Ende des Campingplatzes zweigt unser Weg nach links ab, führt nach einer Kuppe nach links aufwärts zum Steilufer und an diesem entlang zu einer Schutzhütte am höchsten Punkt des Langen Berges. Bei gutem Wetter ist hier die Fernsicht ausgezeichnet. Sie reicht bis zur Insel Wollin, zur Greifswalder Oie und zum Süd- und Nordperd der Halbinsel Mönchgut auf Rügen.

Wir kommen an der Gaststätte *Forsthaus Langenberg* links vorbei, gehen danach rechts abwärts in das Tälchen und am gegenüberliegenden Hang gleich wieder bergan. Geradeaus über die Kuppe, in der folgenden Senke nach links, durch einen Fichten-Lärchenbestand und an der Hangkante wiederum nach links (alte Wegmarkierung an einer Fichte) erreichen wir nach links abwärts das Sträßchen und die ersten Häuser des *Seebades Bansin.*

Wir folgen zunächst der parallel zum Strand verlaufenden Straße und nehmen dann den Weg vor der Einbahnstraße nach links zum Beginn der Strandpromenade. Über diese wandern wir, vorbei am *Seebad Heringsdorf* zum *Seebad Ahlbeck.* Nach der Seebrücke im Seebad Ahlbeck steigt die Kirchenstraße bis vor die Kirche, die auf einer ehemaligen Düne liegt, an. Es geht auf der anderen Seite bergab, nach rechts und entlang der Lindenstraße nach links, bis ein Fußweg nach rechts zum Bahnhof des Seebades Ahlbeck führt.

Das Seebad Ahlbeck mit seinen Villen und Hotels aus der Gründerzeit bildet einen schönen Abschluß für unsere Wanderung vom Priwall bei Travemünde entlang der Ostseeküste zur Insel Usedom.

Für diejenigen, die den letzten Teil der Streckenwanderung durchgeführt haben, bietet sich eine gemütliche Fahrt mit der Bahn zurück nach Kölpinsee als Abschluß der Wanderung an.

Anschriftenverzeichnis

Deutsches Jugendherbergswerk
Bismarckstraße 8, W-4930 Detmold
Deutsches Jugendherbergswerk, Landesverband Baden e. V.
Weinweg 43, W-7500 Karlsruhe 1
Deutsches Jugendherbergswerk, Landesverband Bayern e. V.
Mauerkirchenstraße 5, W-8000 München 80
Postanschrift: Postfach 86 03 09, W-8000 München 86
Deutsches Jugendherbergswerk, Landesverband Berlin-Brandenburg e. V.
Tempelhofer Ufer 32, W-1000 Berlin 61
Deutsches Jugendherbergswerk, Landesverband Hannover e. V.
Ferdinand-Wilhelm-Fricke-Weg 1, W-3000 Hannover 1
Deutsches Jugendherbergswerk, Landesverband Hessen e. V.
Stegstraße 33, W-6000 Frankfurt/Main 70
Deutsches Jugendherbergswerk, Landesverband Nordmark e. V.
Rennbahnstraße 100, W-2000 Hamburg 74
Deutsches Jugendherbergswerk, Landesverband Rheinland e. V.
Düsseldorfer Straße 1, W-4000 Düsseldorf 11-Oberkassel
Deutsches Jugendherbergswerk,
Landesverband Rheinland-Pfalz/Saarland e. V.
In der Meielache 1, W-6500 Mainz
Deutsches Jugendherbergswerk, Landesverband Schwaben e. V.
Urachstraße 37, W-7000 Stuttgart 1
Deutsches Jugendherbergswerk, Landesverband Unterweser-Ems e. V.
Wolmershauser Allee 8, Postfach 10 62 29, W-2800 Bremen
Deutsches Jugendherbergswerk, Landesverband Westfalen-Lippe e. V.
Eppenhauser Straße 65, W-5800 Hagen/Westf.
Deutsches Jugendherbergswerk,
Landesverband Mecklenburg/Vorpommern e. V.
Postschließfach 19, O-2510 Rostock
Deutsches Jugendherbergswerk, Landesverband Sachsen e. V.
Kleinolbersdorfer Straße 61, O-9063 Chemnitz
Deutsches Jugendherbergswerk, Landesverband Sachsen-Anhalt e. V.
Große Nikolaistraße 6, O-4020 Halle
Deutsches Jugendherbergswerk, Landesverband Thüringen e. V.
Jacobstraße 1, O-5300 Weimar
Touristenverein »Die Naturfreunde«, Bundesgruppe Deutschland e. V.
Großglocknerstraße 28, Postfach 3 80,
W-7000 Stuttgart 60 (Untertürkheim)
Touristenverein »Die Naturfreunde«, Landesverband Baden
Alte Weingartener Straße 37, W-7500 Karlsruhe 41
Touristenverein »Die Naturfreunde«, Landesverband Bayern
Kopernikusstraße 26, Postfach 45 02 29, W-8500 Nürnberg 45
Touristenverein »Die Naturfreunde«, Landesverband Berlin
Ringstraße 76, Karl-Renner-Haus, W-1000 Berlin 45

Touristenverein »Die Naturfreunde«, Landesverband Hessen
Postfach 73 02 62, Naturfreundehaus am Poloplatz 15,
W-6000 Frankfurt 73

Touristenverein »Die Naturfreunde«, Landesverband Niedersachsen
Humboldtstraße 21/22, W-3000 Hannover 1

Touristenverein »Die Naturfreunde«, Landesverband Nordmark
Böckmannstraße 4, W-2000 Hamburg 1

Touristenverein »Die Naturfreunde«, Landesverband Rheinland
Honschaftstraße 330, Postfach 84 01 05, W-5000 Köln 80

Touristenverein »Die Naturfreunde«, Landesverband Rheinland-Pfalz
Hohenzollernstraße 14, W-6700 Ludwigshafen

Touristenverein »Die Naturfreunde«, Landesverband Saarland
Stadionstraße, W-6620 Völklingen

Touristenverein »Die Naturfreunde«, Landesverband Teutoburger Wald
c/o Florenz Mallus, Langenhagen 51, W-4800 Bielefeld

Touristenverein »Die Naturfreunde«, Landesverband Westfalen
Kurt-Schumacher-Straße 116, W-4650 Gelsenkirchen

Touristenverein »Die Naturfreunde«, Landesverband Württemberg
Neue Straße 150, W-7000 Stuttgart 1

Touristenverein »Die Naturfreunde«, Landesverband Brandenburg
Halbe-Stadt 16, O-1200 Franfurt (Oder)

Touristenverein »Die Naturfreunde«,
Landesverband Mecklenburg-Vorpommern
Touristenstation Recknitzberg, O-2551 Thelkow

Touristenverein »Die Naturfreunde«, Landesverband Sachsen-Anhalt
Dequeder Straße 3, O-3018 Magdeburg

Touristenverein »Die Naturfreunde«,
Landesverband Sachsen und Thüringen
Postfach 21, O-8053 Dresden

Deutsche Wanderjungend
Wilhelmstraße 39, W-7263 Bad Liebenzell

Deutscher Alpenverein
Praterinsel 5, W-8000 München 22

Jugendherbergen

In der Reihenfolge der beschriebenen Fahrten

Travemünde
W-2407 Lübeck-Travemünde, Mecklenburger Landstraße 69
Großenhof
O-2421 Großenhof, Straße zur Jugendherberge 4
Beckerwitz
O-2401 Beckerwitz, Postfach 143
Ostseebad Kühlungsborn (Jugendtouristenhotel)
O-2565 Ostseebad Kühlungsborn, Puschkinstraße 4
Bad Doberan
O-2560 Bad Doberan, Tempelberg
Rostock-Warnemünde
O-2530 Rostock-Warnemünde, Parkstraße 31
Rostock-Schmarl (Jugendtouristenhotel)
O-2520 Rostock 22, Postfach 48
Ostseebad Graal-Müritz
O-2553 Ostseebad Graal-Müritz, An der Jugendherberge 12
Ribnitz-Damgarten
O-2590 Ribnitz-Damgarten, Am Wasserwerk
Born/Ibenhorst
O-2382 Born, Ibenhorst, Im Darßer Wald
Ostseebad Zingst
O-2385 Ostseebad Zingst, Seestraße 3

Anklamer Tor und die Kirche von Usedom

Barth
O-2380 Barth, Donnerberg
Stralsund
O-2300 Stralsund, Am Kütertor 1
Stralsund-Devin
O-2301 Stralsund-Devin, Strandstraße 21
Ostseebad Binz (Jugendtouristenhotel)
O-2337 Ostseebad Binz, Strandpromenade 35
Glowe
O-2344 Glowe
Greifswald
O-2200 Greifswald, Pestalozzistraße 11/12
Lubmin
O-2205 Lubmin, Hafenstraße 22
Trassenheide
O-2233 Trassenheide, Strandstraße 5a
Ostseebad Zinnowitz
O-2238 Ostseebad Zinnowitz, Johann-ter-Morsche-Straße 23
Seebad Heringsdorf
O-2255 Seebad Heringsdorf, Puschkinstraße 7–9

Naturfreundehäuser

Naturfreunde-Ferienheim Priwall
W-2407 Lübeck-Travemünde, Mecklenburger Landstraße 128

Wichtiger Hinweis

Da Jugendherbergen und Wanderheime zum Teil während der Woche und zu bestimmten Zeiten des Jahres geschlossen sind, empfiehlt der Verlag, Angaben hierzu nur als Hinweis zu betrachten und sich zum Planen – besonders einer längeren Wanderung – folgende Verzeichnisse zuzulegen:
1. Deutsches Jugendherbergsverzeichnis
2. Naturfreundehäuser in Deutschland
3. Die Alpenvereinshütten
im jeweils gültigen Jahrgang.
Zu beziehen über den Buchhandel oder über eine der vorstehenden Adressen.

Wandern mit offenen Augen

(Bilder entnommen aus »Hallwag-Taschenbücher«, Hallwag Verlag Bern und Stuttgart, und aus »Der große Natur- und Landschaftsführer«, Mairs Geographischer Verlag, Stuttgart.)

Tanne *(Zapfen, männliche und weibliche Blüten, a Zapfenspindel)*

Lärche *(männliche und weibliche Blütenzapfen)*

Haubenmeise

Tannenmeise

Kiefer

Fichte

Fichtenkreuzschnabel *(Weibchen)*

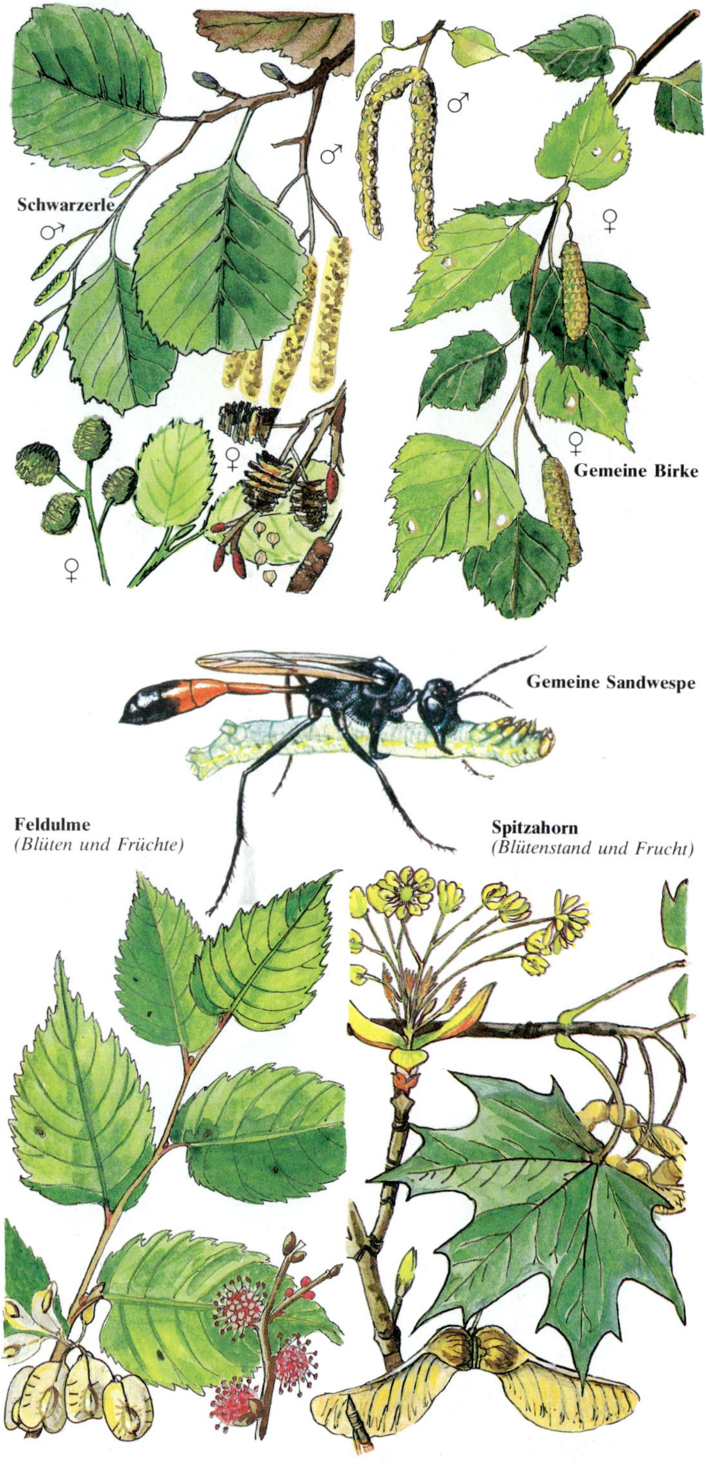
Schwarzerle
♂
♀
♀
♂
Gemeine Birke
♀
♀
♂
Gemeine Sandwespe
Feldulme
(Blüten und Früchte)
Spitzahorn
(Blütenstand und Frucht)

Die Vogeluhr

Die Vögel des Waldes erwachen nicht alle gleichzeitig. Sie halten pünktlich ihre Zeiten ein, so daß sich eine »*Vogeluhr*« ergibt. Der Hausrotschwanz z. B. meldet sich 75 Minuten vor Sonnenaufgang zuerst; ihm folgen Singdrossel, Amsel (63 Minuten), Rotkehlchen (57 Minuten), Kuckuck (55 Minuten), Zaunkönig (48 Minuten) und Buchfink (29 Minuten). Kurz vor Sonnenaufgang kommen Zilpzalp, Specht und Kleiber. Star und Grünfink lassen sich Zeit bis nach Sonnenaufgang.

Grünspecht
(Männchen)

Buchfink
(Männchen)

Hausrotschwanz
(Männchen)

Amsel
(Männchen)

Grünfink

Rotkehlchen

Star
(Männchen in Frühjahrsfärbung)

Feldsperling

… Der größte Langschläfer unter den Vögeln ist aber – man sollte es nicht glauben – der sonst so flinke und vorlaute Sperling.

Wanderführer Mark Brandenburg

40 Wanderungen auf den Spuren Theodor Fontanes. Verträumte Dörfer, stille Ufer, Burgen, Schlösser, Klöster. Beschrieben von *Albrecht von Hardenberg.*

Wanderführer Sächsische Schweiz

41 Rundwanderwege im Elbsandsteingebirge von unterschiedlicher Länge und Schwierigkeit. Beschrieben von *Winfried Schwarzer.*

Wanderführer Thüringer Wald 1

Rund- und Streckenwanderungen im westlichen und mittleren Thüringer Wald und im Vorland sowie Rennsteig in 6 Etappen. Beschrieben von *Dr. Irene Löffler.*

Wanderführer Thüringer Wald 2

Rund- und Streckenwanderungen im östlichen und westlichen Schiefergebirge und im Vorland sowie Rennsteig in 6 Etappen. Beschrieben von *Dr. Irene Löffler.*

Stadtwanderführer Berlin (West)

Die schönsten Stadtwanderungen, Rund- und Streckentouren. Beschrieben von *R. Kuntzke.*

Wanderführer Tschechoslowakei

100 Rund- und Streckenwanderungen. Beschrieben von *Dr. Otakar Mohyla.*

Wanderführer Harz

Rund- und Streckenwanderungen, Naturlehrpfade und Touren im Ostharz. Beschrieben von *Dr. Richard Goedeke.*

Rad-Wanderführer Mecklenburg und Vorpommern

Rund- und Streckentouren um Schwerin, im Mecklenburgischen Hügelland, der Großseenlandschaft, der Neustrelitzer Kleinseenplatte, in Neubrandenburg und in der Uckermark. Beschrieben von *Erich Hobusch.*

Rad-Wanderführer Ostseeküste und Rügen

Rund- und Streckentouren entlang von Travemünde und den Ostseebädern Boltenhagen und Rerik, bei Fischland, auf Darß, Rügen und Usedom. Beschrieben von *Hildegard Frey* und *Professor Dr. Wolfgang Frey.*

Rad-Wanderführer Mark Brandenburg I (West)

Rund- und Streckentouren in der Region Rheinsberg, im Havelland, auf dem Fläming und im Spreewald. Beschrieben von *Erich Hobusch.*

Rad-Wanderführer Mark Brandenburg II (Ost)

Rund- und Streckentouren in der Schorfheide, im Oderbruch, auf dem Barnim, in der Märkischen Schweiz sowie im Dahme-Spree-Gebiet. Beschrieben von *Günter Ermlich.*

Europäische Fernwanderwege

E 1: Flensburg – Genua
E 2: Holland – Mittelmeer
E 3: Böhmerwald – Atlantik
E 4: Pyrenäen – Neusiedler See
E 5: Bodensee – Venedig
E 6: Ostsee – Adria
Lexikon Europäische Fernwanderwege
Große Wanderwege – Übersichtskarte 1:550000 BRD
Europäische Ferwanderwege/Internationale – und Hauptwanderwege (Auswahl)

Wanderbares Österreich

Burgenland
Kärnten
Oberösterreich
Salzburger Land
Tirol
Osttirol
Vorarlberg
Wien, Wanderregion

Die schönsten Radtouren

Allgäu/Bodensee
Bayerischer Wald
Bergisches Land mit Siegerland
Berlin/West
Donau:
Vom Schwarzwald bis Wien
Eifel
Fränkische Schweiz/Frankenalb/Altmühltal
Harz/Weser/Leine
Hohenlohe/Taubergrund
Hunsrück/Saarland
Lüneburger Heide mit Wendland
Mark Brandenburg 1
Mark Brandenburg 2
Münsterland
Niederrhein/Hohe Mark
Nordfriesland mit Hamburg
Nordhessen
Oberrhein – Elsaß I:
Heidelberg – Straßburg
Oberrhein – Elsaß II:
Straßburg – Basel
Oberschwaben/Bodensee
Odenwald
Ostfriesland und Unterweser
Ostsee und Holsteinische Schweiz
Ostseeküste und Rügen
Rheinhessen – Pfalz
Set Radwandern in Rheinland-Pfalz
inkl. 3 Radwanderkarten 1:100000
Rhön/Vogelsberg
Romantische Straße
Ruhrgebiet
Sauerland
Schwäbische Alb
Schwäbischer Wald/Neckarland
Schwarzwald
Spessart/Kinzigtal/Fränkisches Weinland
Taunus/Wetterau
Teutoburger Wald/Weser/Wiehen- und Eggegebirge
Voralpenland I:
Iller – Donau – Lech
Voralpenland II:
Lech – Donau – Salzach
Westerwald mit Siebengebirge
Rad-Deutschland-Tour:
Von JH zu JH (West)
Radfernwandertouren
Deutschland (West)
Dänemark
Frankreich
Niederlande
Tour de Ländle I

DJH-Wegweiser

Wandern mit Kompaß und Karte
Spuren der Römer im Rheinland
Spuren der Römer:
Rhein – Main
Spuren der Römer:
Main – Rems
Spuren der Römer:
Rems – Donau
Wandern mit Kindern und Jugendlichen
Wandern gut geplant und vorbereitet: Ratgeber und Wanderregeln
Radwandern gut vorbereiten:
Technik, Planung, Tips
Kinder und Jugendliche im Gebirge

Deutscher Wanderverlag
Dr. Mair & Schnabel & Co., Stuttgart

Wandern mit Kindern und Jugendlichen

Wandernd die Natur erleben: Spiele, Abenteuerwanderungen, Wander-Rallye und viele weitere Möglichkeiten. Dargestellt von der Deutschen Wanderjugend.

Wandern mit Kompaß und Karte

und anderen Hilfsmitteln zur Orientierung. Beschrieben von Heinrich Streich.

Radwandern gut vorbereiten Technik – Planung – Tips

Rund ums Rad. Kleine Geschichte des Fahrrads. Das Fahrrad in seinen Einzelteilen. – Für jeden das richtige Fahrrad. – Aufs Rad und los. – Verhalten im Verkehr. – Radfahren der Gesundheit zuliebe. – Pflegen – Reinigen – Warten.

Wandern gut geplant und vorbereitet

Ratgeber und Wanderregeln. Ausrüstung – Tourenplanung – Quartiersuche u. a. m.. Beschrieben von Friedrich Schuhmacher, mit einem Geleitwort von Otto Wirthensohn, Vorsitzender des Deutschen Jugendherbergswerkes.

Auf den Spuren der Römer im Rheinland

Ausflüge zu den Überresten aus römischer Zeit. Beschrieben von Werner Schönhofen.

Auf den Spuren der Römer vom Main zur Rems

44 Rundwanderungen zu den schönsten Limesstrecken und zu sehenswerten römischen Bauresten. Beschrieben von Karlheinz Eckardt.

Auf den Spuren der Römer von der Rems zur Donau

44 Rundwanderungen zu den schönsten Limesstrecken und zu sehenswerten römischen Bauresten. Beschrieben von Karlheinz Eckardt.

Auf den Spuren der Römer vom Rhein zum Main

37 Rundwanderungen zu den schönsten Limesstrecken und zu sehenswerten römischen Bauresten. Beschrieben von Karlheinz Eckardt.

Lexikon Europäischer Fernwanderwege

Zum Planen einer Wanderung, zum Nachschlagen unterwegs, viele praktische Ratschläge, Hinweise auf Orte, Landschaften, Sehenswürdigkeiten mit Fotos, Zeichnungen und Kartenskizzen. Bearbeitet von Professor Dr. Alfred Herold und Gert Quenzer.

Die Deutsche Wanderjugend (DWJ) ist die Jugendorganisation des Verbandes Deutscher Gebirgs- und Wandervereine. Die jugendlichen Mitglieder von sechs bis 25 Jahren pflegen natürlich das Wandern in kind- und jugendgerechten Formen. Die Deutsche Wanderjugend wanderte schon lange aus Freude an der Natur und aus Spaß, bevor das „Volkswandern" erfunden wurde. Die Kinder und Jugendlichen bei der Wanderjugend lernen, wie man richtig wandert, erfahren alles über eine wandergerechte Ausrüstung von den Wanderschuhen bis zum Rucksack und üben den Umgang mit Kompass und Karte.

Wandern ist aber nur ein Teil der Aktivitäten. Die Jugendarbeit der Deutschen Wanderjugend umfaßt ein viel breiteres Angebot. Die Jugendgruppen der Wanderjugend legen die Inhalte und Schwerpunkte ihrer Arbeit selbst fest. Im Rahmen einer sinnvollen aktiven Freizeitgestaltung werden in der Gruppenarbeit oft musisch-kulturelle Aktivitäten bevorzugt: Basteln, Werken, Pantomime, Laienspiel, kreatives Gestalten, Singen und Instrumentalspiel, Volkstanz. Die vielfältige Bildungs- und Jugendarbeit der Deutschen Wanderjugend erstreckt sich auf Freizeiten, Fahrten, Zeltlager, Lehrgänge zur politischen Bildung, internationale Jugendbegegnungen.

Eine wichtige Aufgabe stellt der aktive Natur- und Umweltschutz für die Wanderjugend dar. Dabei steht v. a. die Erziehung und Bildung der Kinder und Jugendlichen zum umweltbewußten Menschen im Vordergrund.

Wer mehr über uns, die DWJ, wissen will, schreibt an die

DWJ-Bundesgeschäftsstelle, Wilhelmstraße 39, D-7263 Bad Liebenzell.